Ce journal appartient à

....

Date : .... Objectif du jour : ....
Météo : ☀ ⛅ 🌧 ⛈ Parcours : ....
Distance : .... Temps : ....
Vitesse Moyenne : .... Cals brûlées : ....

🎖 **Objectif atteint :** ☐ oui   ☐ non

• •

Date : .... Objectif du jour : ....
Météo : ☀ ⛅ 🌧 ⛈ Parcours : ....
Distance : .... Temps : ....
Vitesse Moyenne : .... Cals brûlées : ....

🎖 **Objectif atteint :** ☐ oui   ☐ non

• •

Date : .... Objectif du jour : ....
Météo : ☀ ⛅ 🌧 ⛈ Parcours : ....
Distance : .... Temps : ....
Vitesse Moyenne : .... Cals brûlées : ....

🎖 **Objectif atteint :** ☐ oui   ☐ non

• •

Bilan des 3 dernières séances :

Distance totale : .... Durée totale : ....
Vitesse Moyenne : ....
Notes :
....
....
....

Date : .... Objectif du jour : ....
Météo : ☀ ⛅ ☁ ⛈   Parcours : ....
Distance : .... Temps : ....
Vitesse Moyenne : .... Cals brûlées : ....

🎖 **Objectif atteint :** ☐ oui   ☐ non

• •

Date : .... Objectif du jour : ....
Météo : ☀ ⛅ ☁ ⛈   Parcours : ....
Distance : .... Temps : ....
Vitesse Moyenne : .... Cals brûlées : ....

🎖 **Objectif atteint :** ☐ oui   ☐ non

• •

Date : .... Objectif du jour : ....
Météo : ☀ ⛅ ☁ ⛈   Parcours : ....
Distance : .... Temps : ....
Vitesse Moyenne : .... Cals brûlées : ....

🎖 **Objectif atteint :** ☐ oui   ☐ non

• •

Bilan des 3 dernières séances :

Distance totale : ....   Durée totale : ....
Vitesse Moyenne : ....
Notes :
....
....
....

Date : .... Objectif du jour : ....
Météo : ☀ ⛅ ☁ 🌧 Parcours : ....
Distance : .... Temps : ....
Vitesse Moyenne : .... Cals brûlées : ....

🎖 **Objectif atteint :** ☐ oui ☐ non

• •

Date : .... Objectif du jour : ....
Météo : ☀ ⛅ ☁ 🌧 Parcours : ....
Distance : .... Temps : ....
Vitesse Moyenne : .... Cals brûlées : ....

🎖 **Objectif atteint :** ☐ oui ☐ non

• •

Date : .... Objectif du jour : ....
Météo : ☀ ⛅ ☁ 🌧 Parcours : ....
Distance : .... Temps : ....
Vitesse Moyenne : .... Cals brûlées : ....

🎖 **Objectif atteint :** ☐ oui ☐ non

• •

Bilan des 3 dernières séances :

Distance totale : .... Durée totale : ....
Vitesse Moyenne : ....
Notes :
....
....
....

Date : .... Objectif du jour : ....
Météo : ☀ ⛅ ☁ ⛈ Parcours : ....
Distance : .... Temps : ....
Vitesse Moyenne : .... Cals brûlées : ....

🎖 **Objectif atteint :** ☐ oui   ☐ non

• •

Date : .... Objectif du jour : ....
Météo : ☀ ⛅ ☁ ⛈ Parcours : ....
Distance : .... Temps : ....
Vitesse Moyenne : .... Cals brûlées : ....

🎖 **Objectif atteint :** ☐ oui   ☐ non

• •

Date : .... Objectif du jour : ....
Météo : ☀ ⛅ ☁ ⛈ Parcours : ....
Distance : .... Temps : ....
Vitesse Moyenne : .... Cals brûlées : ....

🎖 **Objectif atteint :** ☐ oui   ☐ non

• •

Bilan des 3 dernières séances :

Distance totale : .... Durée totale : ....
Vitesse Moyenne : ....
Notes :
....
....
....

Date : ....   Objectif du jour : ....
Météo : ☀ ⛅ ☁ ⛈   Parcours : ....
Distance : ....   Temps : ....
Vitesse Moyenne : ....   Cals brûlées : ....

🎖 **Objectif atteint :** ☐ oui   ☐ non

• •

Date : ....   Objectif du jour : ....
Météo : ☀ ⛅ ☁ ⛈   Parcours : ....
Distance : ....   Temps : ....
Vitesse Moyenne : ....   Cals brûlées : ....

🎖 **Objectif atteint :** ☐ oui   ☐ non

• •

Date : ....   Objectif du jour : ....
Météo : ☀ ⛅ ☁ ⛈   Parcours : ....
Distance : ....   Temps : ....
Vitesse Moyenne : ....   Cals brûlées : ....

🎖 **Objectif atteint :** ☐ oui   ☐ non

• •

Bilan des 3 dernières séances :

Distance totale : ....   Durée totale : ....
Vitesse Moyenne : ....
Notes :
....
....
....

Date : .... Objectif du jour : ....
Météo : ☀ ⛅ ☁ ⛈ Parcours : ....
Distance : .... Temps : ....
Vitesse Moyenne : .... Cals brûlées : ....

🎗 **Objectif atteint :** ☐ oui ☐ non

• •

Date : .... Objectif du jour : ....
Météo : ☀ ⛅ ☁ ⛈ Parcours : ....
Distance : .... Temps : ....
Vitesse Moyenne : .... Cals brûlées : ....

🎗 **Objectif atteint :** ☐ oui ☐ non

• •

Date : .... Objectif du jour : ....
Météo : ☀ ⛅ ☁ ⛈ Parcours : ....
Distance : .... Temps : ....
Vitesse Moyenne : .... Cals brûlées : ....

🎗 **Objectif atteint :** ☐ oui ☐ non

• •

Bilan des 3 dernières séances :

Distance totale : .... Durée totale : ....
Vitesse Moyenne : ....
Notes :
....
....
....

Date : .... Objectif du jour : ....
Météo : ☀ ⛅ ☁ ⛈ Parcours : ....
Distance : .... Temps : ....
Vitesse Moyenne : .... Cals brûlées : ....

🏅 **Objectif atteint :** ☐ oui ☐ non

- -

Date : .... Objectif du jour : ....
Météo : ☀ ⛅ ☁ ⛈ Parcours : ....
Distance : .... Temps : ....
Vitesse Moyenne : .... Cals brûlées : ....

🏅 **Objectif atteint :** ☐ oui ☐ non

- -

Date : .... Objectif du jour : ....
Météo : ☀ ⛅ ☁ ⛈ Parcours : ....
Distance : .... Temps : ....
Vitesse Moyenne : .... Cals brûlées : ....

🏅 **Objectif atteint :** ☐ oui ☐ non

- -

Bilan des 3 dernières séances :

Distance totale : .... Durée totale : ....
Vitesse Moyenne : ....
Notes :
....
....
....

Date : ....   Objectif du jour : ....
Météo : ☀ ⛅ ☁ ⛈   Parcours : ....
Distance : ....   Temps : ....
Vitesse Moyenne : ....   Cals brûlées : ....

🎖 **Objectif atteint :** ☐ oui   ☐ non

• •

Date : ....   Objectif du jour : ....
Météo : ☀ ⛅ ☁ ⛈   Parcours : ....
Distance : ....   Temps : ....
Vitesse Moyenne : ....   Cals brûlées : ....

🎖 **Objectif atteint :** ☐ oui   ☐ non

• •

Date : ....   Objectif du jour : ....
Météo : ☀ ⛅ ☁ ⛈   Parcours : ....
Distance : ....   Temps : ....
Vitesse Moyenne : ....   Cals brûlées : ....

🎖 **Objectif atteint :** ☐ oui   ☐ non

• •

Bilan des 3 dernières séances :

Distance totale : ....   Durée totale : ....
Vitesse Moyenne : ....
Notes :
....
....
....

Date : .... Objectif du jour : ....
Météo : ☀ ⛅ ☁ ⛈ Parcours : ....
Distance : .... Temps : ....
Vitesse Moyenne : .... Cals brûlées : ....

🎗 **Objectif atteint :** ☐ oui ☐ non

• •

Date : .... Objectif du jour : ....
Météo : ☀ ⛅ ☁ ⛈ Parcours : ....
Distance : .... Temps : ....
Vitesse Moyenne : .... Cals brûlées : ....

🎗 **Objectif atteint :** ☐ oui ☐ non

• •

Date : .... Objectif du jour : ....
Météo : ☀ ⛅ ☁ ⛈ Parcours : ....
Distance : .... Temps : ....
Vitesse Moyenne : .... Cals brûlées : ....

🎗 **Objectif atteint :** ☐ oui ☐ non

• •

Bilan des 3 dernières séances :

Distance totale : .... Durée totale : ....
Vitesse Moyenne : ....
Notes :
....
....
....

Date : .... Objectif du jour : ....
Météo : ☀ ⛅ ☁ 🌧 Parcours : ....
Distance : .... Temps : ....
Vitesse Moyenne : .... Cals brûlées : ....

🎖 **Objectif atteint :** ☐ oui   ☐ non

・・・・・・・・・・・・・・・・・・・・・・・・・・・・・

Date : .... Objectif du jour : ....
Météo : ☀ ⛅ ☁ 🌧 Parcours : ....
Distance : .... Temps : ....
Vitesse Moyenne : .... Cals brûlées : ....

🎖 **Objectif atteint :** ☐ oui   ☐ non

・・・・・・・・・・・・・・・・・・・・・・・・・・・・・

Date : .... Objectif du jour : ....
Météo : ☀ ⛅ ☁ 🌧 Parcours : ....
Distance : .... Temps : ....
Vitesse Moyenne : .... Cals brûlées : ....

🎖 **Objectif atteint :** ☐ oui   ☐ non

・・・・・・・・・・・・・・・・・・・・・・・・・・・・・

Bilan des 3 dernières séances :

Distance totale : .... Durée totale : ....
Vitesse Moyenne : ....
Notes :
....
....
....

Date : .... Objectif du jour : ....
Météo : ☀ ⛅ ☁ ⛈ Parcours : ....
Distance : .... Temps : ....
Vitesse Moyenne : .... Cals brûlées : ....

🎖 **Objectif atteint :** ☐ oui ☐ non

• •

Date : .... Objectif du jour : ....
Météo : ☀ ⛅ ☁ ⛈ Parcours : ....
Distance : .... Temps : ....
Vitesse Moyenne : .... Cals brûlées : ....

🎖 **Objectif atteint :** ☐ oui ☐ non

• •

Date : .... Objectif du jour : ....
Météo : ☀ ⛅ ☁ ⛈ Parcours : ....
Distance : .... Temps : ....
Vitesse Moyenne : .... Cals brûlées : ....

🎖 **Objectif atteint :** ☐ oui ☐ non

• •

Bilan des 3 dernières séances :

Distance totale : .... Durée totale : ....
Vitesse Moyenne : ....
Notes :
....
....
....

Date : .... Objectif du jour : ....
Météo : ☀ ⛅ ☁ ⛈ Parcours : ....
Distance : .... Temps : ....
Vitesse Moyenne : .... Cals brûlées : ....

🎖 **Objectif atteint :** ☐ oui ☐ non

• •

Date : .... Objectif du jour : ....
Météo : ☀ ⛅ ☁ ⛈ Parcours : ....
Distance : .... Temps : ....
Vitesse Moyenne : .... Cals brûlées : ....

🎖 **Objectif atteint :** ☐ oui ☐ non

• •

Date : .... Objectif du jour : ....
Météo : ☀ ⛅ ☁ ⛈ Parcours : ....
Distance : .... Temps : ....
Vitesse Moyenne : .... Cals brûlées : ....

🎖 **Objectif atteint :** ☐ oui ☐ non

• •

Bilan des 3 dernières séances :

Distance totale : .... Durée totale : ....
Vitesse Moyenne : ....
Notes :
....
....
....

Date : .... Objectif du jour : ....
Météo : ☀ ⛅ ☁ 🌧 Parcours : ....
Distance : .... Temps : ....
Vitesse Moyenne : .... Cals brûlées : ....

🎖 **Objectif atteint :** ☐ oui ☐ non

· ·

Date : .... Objectif du jour : ....
Météo : ☀ ⛅ ☁ 🌧 Parcours : ....
Distance : .... Temps : ....
Vitesse Moyenne : .... Cals brûlées : ....

🎖 **Objectif atteint :** ☐ oui ☐ non

· ·

Date : .... Objectif du jour : ....
Météo : ☀ ⛅ ☁ 🌧 Parcours : ....
Distance : .... Temps : ....
Vitesse Moyenne : .... Cals brûlées : ....

🎖 **Objectif atteint :** ☐ oui ☐ non

· ·

Bilan des 3 dernières séances :

Distance totale : .... Durée totale : ....
Vitesse Moyenne : ....
Notes :
....
....
....

Date : .... Objectif du jour : ....
Météo : ☀ ⛅ ☁ ⛈ Parcours : ....
Distance : .... Temps : ....
Vitesse Moyenne : .... Cals brûlées : ....

🎖 **Objectif atteint :** ☐ oui   ☐ non

• •

Date : .... Objectif du jour : ....
Météo : ☀ ⛅ ☁ ⛈ Parcours : ....
Distance : .... Temps : ....
Vitesse Moyenne : .... Cals brûlées : ....

🎖 **Objectif atteint :** ☐ oui   ☐ non

• •

Date : .... Objectif du jour : ....
Météo : ☀ ⛅ ☁ ⛈ Parcours : ....
Distance : .... Temps : ....
Vitesse Moyenne : .... Cals brûlées : ....

🎖 **Objectif atteint :** ☐ oui   ☐ non

• •

Bilan des 3 dernières séances :

Distance totale : ....   Durée totale : ....
Vitesse Moyenne : ....
Notes :
....
....
....

Date : .... Objectif du jour : ....
Météo : ☀ ⛅ ☁ 🌧 Parcours : ....
Distance : .... Temps : ....
Vitesse Moyenne : .... Cals brûlées : ....

🎖 **Objectif atteint :** ☐ oui ☐ non

• •

Date : .... Objectif du jour : ....
Météo : ☀ ⛅ ☁ 🌧 Parcours : ....
Distance : .... Temps : ....
Vitesse Moyenne : .... Cals brûlées : ....

🎖 **Objectif atteint :** ☐ oui ☐ non

• •

Date : .... Objectif du jour : ....
Météo : ☀ ⛅ ☁ 🌧 Parcours : ....
Distance : .... Temps : ....
Vitesse Moyenne : .... Cals brûlées : ....

🎖 **Objectif atteint :** ☐ oui ☐ non

• •

Bilan des 3 dernières séances :

Distance totale : .... Durée totale : ....
Vitesse Moyenne : ....
Notes :
....
....
....

Date : .... Objectif du jour : ....
Météo : ☀ ⛅ ☁ ⛈ Parcours : ....
Distance : .... Temps : ....
Vitesse Moyenne : .... Cals brûlées : ....

Objectif atteint : ☐ oui ☐ non

- -

Date : .... Objectif du jour : ....
Météo : ☀ ⛅ ☁ ⛈ Parcours : ....
Distance : .... Temps : ....
Vitesse Moyenne : .... Cals brûlées : ....

Objectif atteint : ☐ oui ☐ non

- -

Date : .... Objectif du jour : ....
Météo : ☀ ⛅ ☁ ⛈ Parcours : ....
Distance : .... Temps : ....
Vitesse Moyenne : .... Cals brûlées : ....

Objectif atteint : ☐ oui ☐ non

- -

Bilan des 3 dernières séances :

Distance totale : .... Durée totale : ....
Vitesse Moyenne : ....
Notes :
....
....
....

Date : .... Objectif du jour : ....
Météo : ☀ ⛅ 🌧 🌬 Parcours : ....
Distance : .... Temps : ....
Vitesse Moyenne : .... Cals brûlées : ....

🎖 **Objectif atteint :** ☐ oui ☐ non

· ·

Date : .... Objectif du jour : ....
Météo : ☀ ⛅ 🌧 🌬 Parcours : ....
Distance : .... Temps : ....
Vitesse Moyenne : .... Cals brûlées : ....

🎖 **Objectif atteint :** ☐ oui ☐ non

· ·

Date : .... Objectif du jour : ....
Météo : ☀ ⛅ 🌧 🌬 Parcours : ....
Distance : .... Temps : ....
Vitesse Moyenne : .... Cals brûlées : ....

🎖 **Objectif atteint :** ☐ oui ☐ non

· ·

Bilan des 3 dernières séances :

Distance totale : .... Durée totale : ....
Vitesse Moyenne : ....
Notes :
....
....
....

Date : .... Objectif du jour : ....
Météo : ☀ ⛅ ☁ ⛈ Parcours : ....
Distance : .... Temps : ....
Vitesse Moyenne : .... Cals brûlées : ....

🎖 **Objectif atteint :** ☐ oui   ☐ non

• •

Date : .... Objectif du jour : ....
Météo : ☀ ⛅ ☁ ⛈ Parcours : ....
Distance : .... Temps : ....
Vitesse Moyenne : .... Cals brûlées : ....

🎖 **Objectif atteint :** ☐ oui   ☐ non

• •

Date : .... Objectif du jour : ....
Météo : ☀ ⛅ ☁ ⛈ Parcours : ....
Distance : .... Temps : ....
Vitesse Moyenne : .... Cals brûlées : ....

🎖 **Objectif atteint :** ☐ oui   ☐ non

• •

Bilan des 3 dernières séances :

Distance totale : .... Durée totale : ....
Vitesse Moyenne : ....
Notes :
....
....
....

Date : .... Objectif du jour : ....
Météo : ☀ ⛅ ☁ 🌧 Parcours : ....
Distance : .... Temps : ....
Vitesse Moyenne : .... Cals brûlées : ....

🎖 **Objectif atteint :** ☐ oui ☐ non

• •

Date : .... Objectif du jour : ....
Météo : ☀ ⛅ ☁ 🌧 Parcours : ....
Distance : .... Temps : ....
Vitesse Moyenne : .... Cals brûlées : ....

🎖 **Objectif atteint :** ☐ oui ☐ non

• •

Date : .... Objectif du jour : ....
Météo : ☀ ⛅ ☁ 🌧 Parcours : ....
Distance : .... Temps : ....
Vitesse Moyenne : .... Cals brûlées : ....

🎖 **Objectif atteint :** ☐ oui ☐ non

• •

Bilan des 3 dernières séances :

Distance totale : .... Durée totale : ....
Vitesse Moyenne : ....
Notes :
....
....
....

Date : .... Objectif du jour : ....
Météo : ☀ ⛅ ☁ ⛈ Parcours : ....
Distance : .... Temps : ....
Vitesse Moyenne : .... Cals brûlées : ....

🎖 **Objectif atteint :** ☐ oui   ☐ non

• •

Date : .... Objectif du jour : ....
Météo : ☀ ⛅ ☁ ⛈ Parcours : ....
Distance : .... Temps : ....
Vitesse Moyenne : .... Cals brûlées : ....

🎖 **Objectif atteint :** ☐ oui   ☐ non

• •

Date : .... Objectif du jour : ....
Météo : ☀ ⛅ ☁ ⛈ Parcours : ....
Distance : .... Temps : ....
Vitesse Moyenne : .... Cals brûlées : ....

🎖 **Objectif atteint :** ☐ oui   ☐ non

• •

Bilan des 3 dernières séances :

Distance totale : .... Durée totale : ....
Vitesse Moyenne : ....
Notes :
....
....
....

Date : .... Objectif du jour : ....
Météo : ☀ 🌤 🌧 ⛈   Parcours : ....
Distance : .... Temps : ....
Vitesse Moyenne : .... Cals brûlées : ....

🏅 **Objectif atteint :** ☐ oui   ☐ non

• •

Date : .... Objectif du jour : ....
Météo : ☀ 🌤 🌧 ⛈   Parcours : ....
Distance : .... Temps : ....
Vitesse Moyenne : .... Cals brûlées : ....

🏅 **Objectif atteint :** ☐ oui   ☐ non

• •

Date : .... Objectif du jour : ....
Météo : ☀ 🌤 🌧 ⛈   Parcours : ....
Distance : .... Temps : ....
Vitesse Moyenne : .... Cals brûlées : ....

🏅 **Objectif atteint :** ☐ oui   ☐ non

• •

Bilan des 3 dernières séances :

Distance totale : .... Durée totale : ....
Vitesse Moyenne : ....
Notes :
....
....
....

Date : .... Objectif du jour : ....
Météo : ☀ ⛅ ☁ ⛈ Parcours : ....
Distance : .... Temps : ....
Vitesse Moyenne : .... Cals brûlées : ....

Objectif atteint : ☐ oui ☐ non

- -

Date : .... Objectif du jour : ....
Météo : ☀ ⛅ ☁ ⛈ Parcours : ....
Distance : .... Temps : ....
Vitesse Moyenne : .... Cals brûlées : ....

Objectif atteint : ☐ oui ☐ non

- -

Date : .... Objectif du jour : ....
Météo : ☀ ⛅ ☁ ⛈ Parcours : ....
Distance : .... Temps : ....
Vitesse Moyenne : .... Cals brûlées : ....

Objectif atteint : ☐ oui ☐ non

- -

Bilan des 3 dernières séances :

Distance totale : .... Durée totale : ....
Vitesse Moyenne : ....
Notes :
....
....
....

Date : .... Objectif du jour : ....
Météo : ☀ ⛅ 🌧 🌬 Parcours : ....
Distance : .... Temps : ....
Vitesse Moyenne : .... Cals brûlées : ....

🎖 **Objectif atteint :** ☐ oui ☐ non

• •

Date : .... Objectif du jour : ....
Météo : ☀ ⛅ 🌧 🌬 Parcours : ....
Distance : .... Temps : ....
Vitesse Moyenne : .... Cals brûlées : ....

🎖 **Objectif atteint :** ☐ oui ☐ non

• •

Date : .... Objectif du jour : ....
Météo : ☀ ⛅ 🌧 🌬 Parcours : ....
Distance : .... Temps : ....
Vitesse Moyenne : .... Cals brûlées : ....

🎖 **Objectif atteint :** ☐ oui ☐ non

• •

Bilan des 3 dernières séances :

Distance totale : .... Durée totale : ....
Vitesse Moyenne : ....
Notes :
....
....
....

Date : ....   Objectif du jour : ....
Météo : ☀ ⛅ ☁ ⛈   Parcours : ....
Distance : ....   Temps : ....
Vitesse Moyenne : ....   Cals brûlées : ....

🏅 **Objectif atteint :** ☐ oui ☐ non

• •

Date : ....   Objectif du jour : ....
Météo : ☀ ⛅ ☁ ⛈   Parcours : ....
Distance : ....   Temps : ....
Vitesse Moyenne : ....   Cals brûlées : ....

🏅 **Objectif atteint :** ☐ oui ☐ non

• •

Date : ....   Objectif du jour : ....
Météo : ☀ ⛅ ☁ ⛈   Parcours : ....
Distance : ....   Temps : ....
Vitesse Moyenne : ....   Cals brûlées : ....

🏅 **Objectif atteint :** ☐ oui ☐ non

• •

Bilan des 3 dernières séances :

Distance totale : ....   Durée totale : ....
Vitesse Moyenne : ....
Notes :
....
....
....

Date : .... Objectif du jour : ....
Météo : ☀ ⛅ ☁ 🌧 💨   Parcours : ....
Distance : .... Temps : ....
Vitesse Moyenne : .... Cals brûlées : ....

🎖 **Objectif atteint :** ☐ oui   ☐ non

• •

Date : .... Objectif du jour : ....
Météo : ☀ ⛅ ☁ 🌧 💨   Parcours : ....
Distance : .... Temps : ....
Vitesse Moyenne : .... Cals brûlées : ....

🎖 **Objectif atteint :** ☐ oui   ☐ non

• •

Date : .... Objectif du jour : ....
Météo : ☀ ⛅ ☁ 🌧 💨   Parcours : ....
Distance : .... Temps : ....
Vitesse Moyenne : .... Cals brûlées : ....

🎖 **Objectif atteint :** ☐ oui   ☐ non

• •

Bilan des 3 dernières séances :

Distance totale : .... Durée totale : ....
Vitesse Moyenne : ....
Notes :
....
....
....

Date : .... Objectif du jour : ....
Météo : ☀ ⛅ ☁ ⛈   Parcours : ....
Distance : .... Temps : ....
Vitesse Moyenne : .... Cals brûlées : ....

🎖 **Objectif atteint :** ☐ oui   ☐ non

• •

Date : .... Objectif du jour : ....
Météo : ☀ ⛅ ☁ ⛈   Parcours : ....
Distance : .... Temps : ....
Vitesse Moyenne : .... Cals brûlées : ....

🎖 **Objectif atteint :** ☐ oui   ☐ non

• •

Date : .... Objectif du jour : ....
Météo : ☀ ⛅ ☁ ⛈   Parcours : ....
Distance : .... Temps : ....
Vitesse Moyenne : .... Cals brûlées : ....

🎖 **Objectif atteint :** ☐ oui   ☐ non

• •

Bilan des 3 dernières séances :

Distance totale : .... Durée totale : ....
Vitesse Moyenne : ....
Notes :
....
....
....

Date : .... Objectif du jour : ....
Météo : ☀ ⛅ ☁ ⛈ Parcours : ....
Distance : .... Temps : ....
Vitesse Moyenne : .... Cals brûlées : ....

🎖 **Objectif atteint :** ☐ oui ☐ non

- -

Date : .... Objectif du jour : ....
Météo : ☀ ⛅ ☁ ⛈ Parcours : ....
Distance : .... Temps : ....
Vitesse Moyenne : .... Cals brûlées : ....

🎖 **Objectif atteint :** ☐ oui ☐ non

- -

Date : .... Objectif du jour : ....
Météo : ☀ ⛅ ☁ ⛈ Parcours : ....
Distance : .... Temps : ....
Vitesse Moyenne : .... Cals brûlées : ....

🎖 **Objectif atteint :** ☐ oui ☐ non

- -

Bilan des 3 dernières séances :

Distance totale : .... Durée totale : ....
Vitesse Moyenne : ....
Notes :
....
....
....

Date : .... Objectif du jour : ....
Météo : ☀ ⛅ ☁ ⛈ Parcours : ....
Distance : .... Temps : ....
Vitesse Moyenne : .... Cals brûlées : ....

🎗 **Objectif atteint :** ☐ oui ☐ non

• •

Date : .... Objectif du jour : ....
Météo : ☀ ⛅ ☁ ⛈ Parcours : ....
Distance : .... Temps : ....
Vitesse Moyenne : .... Cals brûlées : ....

🎗 **Objectif atteint :** ☐ oui ☐ non

• •

Date : .... Objectif du jour : ....
Météo : ☀ ⛅ ☁ ⛈ Parcours : ....
Distance : .... Temps : ....
Vitesse Moyenne : .... Cals brûlées : ....

🎗 **Objectif atteint :** ☐ oui ☐ non

• •

Bilan des 3 dernières séances :

Distance totale : .... Durée totale : ....
Vitesse Moyenne : ....
Notes :
....
....
....

Date : .... Objectif du jour : ....
Météo : ☀ ⛅ ☁ 🌧 Parcours : ....
Distance : .... Temps : ....
Vitesse Moyenne : .... Cals brûlées : ....

🎖 **Objectif atteint :** ☐ oui ☐ non

• •

Date : .... Objectif du jour : ....
Météo : ☀ ⛅ ☁ 🌧 Parcours : ....
Distance : .... Temps : ....
Vitesse Moyenne : .... Cals brûlées : ....

🎖 **Objectif atteint :** ☐ oui ☐ non

• •

Date : .... Objectif du jour : ....
Météo : ☀ ⛅ ☁ 🌧 Parcours : ....
Distance : .... Temps : ....
Vitesse Moyenne : .... Cals brûlées : ....

🎖 **Objectif atteint :** ☐ oui ☐ non

• •

Bilan des 3 dernières séances :

Distance totale : .... Durée totale : ....
Vitesse Moyenne : ....
Notes :
....
....
....

Date : .... Objectif du jour : ....
Météo : ☀ ⛅ ☁ ⛈ Parcours : ....
Distance : .... Temps : ....
Vitesse Moyenne : .... Cals brûlées : ....

🏅 **Objectif atteint :** ☐ oui   ☐ non

• •

Date : .... Objectif du jour : ....
Météo : ☀ ⛅ ☁ ⛈ Parcours : ....
Distance : .... Temps : ....
Vitesse Moyenne : .... Cals brûlées : ....

🏅 **Objectif atteint :** ☐ oui   ☐ non

• •

Date : .... Objectif du jour : ....
Météo : ☀ ⛅ ☁ ⛈ Parcours : ....
Distance : .... Temps : ....
Vitesse Moyenne : .... Cals brûlées : ....

🏅 **Objectif atteint :** ☐ oui   ☐ non

• •

Bilan des 3 dernières séances :

Distance totale : ....   Durée totale : ....
Vitesse Moyenne : ....
Notes :
....
....
....

Date : .... Objectif du jour : ....
Météo : ☀ ⛅ ☁ 🌧 Parcours : ....
Distance : .... Temps : ....
Vitesse Moyenne : .... Cals brûlées : ....

🎖 **Objectif atteint :** ☐ oui   ☐ non

• •

Date : .... Objectif du jour : ....
Météo : ☀ ⛅ ☁ 🌧 Parcours : ....
Distance : .... Temps : ....
Vitesse Moyenne : .... Cals brûlées : ....

🎖 **Objectif atteint :** ☐ oui   ☐ non

• •

Date : .... Objectif du jour : ....
Météo : ☀ ⛅ ☁ 🌧 Parcours : ....
Distance : .... Temps : ....
Vitesse Moyenne : .... Cals brûlées : ....

🎖 **Objectif atteint :** ☐ oui   ☐ non

• •

Bilan des 3 dernières séances :

Distance totale : .... Durée totale : ....
Vitesse Moyenne : ....
Notes :
....
....
....

Date : .... Objectif du jour : ....
Météo : ☀ ⛅ ☁ ⛈ Parcours : ....
Distance : .... Temps : ....
Vitesse Moyenne : .... Cals brûlées : ....

🎖 **Objectif atteint :** ☐ oui   ☐ non

Date : .... Objectif du jour : ....
Météo : ☀ ⛅ ☁ ⛈ Parcours : ....
Distance : .... Temps : ....
Vitesse Moyenne : .... Cals brûlées : ....

🎖 **Objectif atteint :** ☐ oui   ☐ non

Date : .... Objectif du jour : ....
Météo : ☀ ⛅ ☁ ⛈ Parcours : ....
Distance : .... Temps : ....
Vitesse Moyenne : .... Cals brûlées : ....

🎖 **Objectif atteint :** ☐ oui   ☐ non

Bilan des 3 dernières séances :

Distance totale : .... Durée totale : ....
Vitesse Moyenne : ....
Notes :
....
....
....

Date : .... Objectif du jour : ....
Météo : ☀ ⛅ ☁ ☁ Parcours : ....
Distance : .... Temps : ....
Vitesse Moyenne : .... Cals brûlées : ....

🎖 **Objectif atteint :** ☐ oui ☐ non

Date : .... Objectif du jour : ....
Météo : ☀ ⛅ ☁ ☁ Parcours : ....
Distance : .... Temps : ....
Vitesse Moyenne : .... Cals brûlées : ....

🎖 **Objectif atteint :** ☐ oui ☐ non

Date : .... Objectif du jour : ....
Météo : ☀ ⛅ ☁ ☁ Parcours : ....
Distance : .... Temps : ....
Vitesse Moyenne : .... Cals brûlées : ....

🎖 **Objectif atteint :** ☐ oui ☐ non

Bilan des 3 dernières séances :

Distance totale : .... Durée totale : ....
Vitesse Moyenne : ....
Notes :
....
....
....

Date : .... Objectif du jour : ....
Météo : ☀ ⛅ ☁ ⛈ Parcours : ....
Distance : .... Temps : ....
Vitesse Moyenne : .... Cals brûlées : ....

🎖 **Objectif atteint :** ☐ oui   ☐ non

• •

Date : .... Objectif du jour : ....
Météo : ☀ ⛅ ☁ ⛈ Parcours : ....
Distance : .... Temps : ....
Vitesse Moyenne : .... Cals brûlées : ....

🎖 **Objectif atteint :** ☐ oui   ☐ non

• •

Date : .... Objectif du jour : ....
Météo : ☀ ⛅ ☁ ⛈ Parcours : ....
Distance : .... Temps : ....
Vitesse Moyenne : .... Cals brûlées : ....

🎖 **Objectif atteint :** ☐ oui   ☐ non

• •

Bilan des 3 dernières séances :

Distance totale : .... Durée totale : ....
Vitesse Moyenne : ....
Notes :
....
....
....

Date : .... Objectif du jour : ....
Météo : ☀ ⛅ 🌧 ⛈   Parcours : ....
Distance : .... Temps : ....
Vitesse Moyenne : .... Cals brûlées : ....

🎖 **Objectif atteint :** ☐ oui   ☐ non

• •

Date : .... Objectif du jour : ....
Météo : ☀ ⛅ 🌧 ⛈   Parcours : ....
Distance : .... Temps : ....
Vitesse Moyenne : .... Cals brûlées : ....

🎖 **Objectif atteint :** ☐ oui   ☐ non

• •

Date : .... Objectif du jour : ....
Météo : ☀ ⛅ 🌧 ⛈   Parcours : ....
Distance : .... Temps : ....
Vitesse Moyenne : .... Cals brûlées : ....

🎖 **Objectif atteint :** ☐ oui   ☐ non

• •

Bilan des 3 dernières séances :

Distance totale : ....   Durée totale : ....
Vitesse Moyenne : ....
Notes :
....
....
....

Date : .... Objectif du jour : ....
Météo : ☀ ⛅ ☁ ☂ Parcours : ....
Distance : .... Temps : ....
Vitesse Moyenne : .... Cals brûlées : ....

Objectif atteint : ☐ oui ☐ non

· ·

Date : .... Objectif du jour : ....
Météo : ☀ ⛅ ☁ ☂ Parcours : ....
Distance : .... Temps : ....
Vitesse Moyenne : .... Cals brûlées : ....

Objectif atteint : ☐ oui ☐ non

· ·

Date : .... Objectif du jour : ....
Météo : ☀ ⛅ ☁ ☂ Parcours : ....
Distance : .... Temps : ....
Vitesse Moyenne : .... Cals brûlées : ....

Objectif atteint : ☐ oui ☐ non

· ·

Bilan des 3 dernières séances :

Distance totale : .... Durée totale : ....
Vitesse Moyenne : ....
Notes :
....
....
....

Date : .... Objectif du jour : ....
Météo : ☀ ⛅ ☁ ⛈ Parcours : ....
Distance : .... Temps : ....
Vitesse Moyenne : .... Cals brûlées : ....

🎖 **Objectif atteint :** ☐ oui   ☐ non

• •

Date : .... Objectif du jour : ....
Météo : ☀ ⛅ ☁ ⛈ Parcours : ....
Distance : .... Temps : ....
Vitesse Moyenne : .... Cals brûlées : ....

🎖 **Objectif atteint :** ☐ oui   ☐ non

• •

Date : .... Objectif du jour : ....
Météo : ☀ ⛅ ☁ ⛈ Parcours : ....
Distance : .... Temps : ....
Vitesse Moyenne : .... Cals brûlées : ....

🎖 **Objectif atteint :** ☐ oui   ☐ non

• •

Bilan des 3 dernières séances :

Distance totale : .... Durée totale : ....
Vitesse Moyenne : ....
Notes :
....
....
....

Date : .... Objectif du jour : ....
Météo : ☀ ⛅ ☁ ⛈ Parcours : ....
Distance : .... Temps : ....
Vitesse Moyenne : .... Cals brûlées : ....

🎖 **Objectif atteint :** ☐ oui   ☐ non

• •

Date : .... Objectif du jour : ....
Météo : ☀ ⛅ ☁ ⛈ Parcours : ....
Distance : .... Temps : ....
Vitesse Moyenne : .... Cals brûlées : ....

🎖 **Objectif atteint :** ☐ oui   ☐ non

• •

Date : .... Objectif du jour : ....
Météo : ☀ ⛅ ☁ ⛈ Parcours : ....
Distance : .... Temps : ....
Vitesse Moyenne : .... Cals brûlées : ....

🎖 **Objectif atteint :** ☐ oui   ☐ non

• •

Bilan des 3 dernières séances :

Distance totale : .... Durée totale : ....
Vitesse Moyenne : ....
Notes :
....
....
....

Date : .... Objectif du jour : ....
Météo : ☀️ 🌤️ 🌧️ 🌬️ Parcours : ....
Distance : .... Temps : ....
Vitesse Moyenne : .... Cals brûlées : ....

🎖️ **Objectif atteint :** ☐ oui ☐ non

• •

Date : .... Objectif du jour : ....
Météo : ☀️ 🌤️ 🌧️ 🌬️ Parcours : ....
Distance : .... Temps : ....
Vitesse Moyenne : .... Cals brûlées : ....

🎖️ **Objectif atteint :** ☐ oui ☐ non

• •

Date : .... Objectif du jour : ....
Météo : ☀️ 🌤️ 🌧️ 🌬️ Parcours : ....
Distance : .... Temps : ....
Vitesse Moyenne : .... Cals brûlées : ....

🎖️ **Objectif atteint :** ☐ oui ☐ non

• •

Bilan des 3 dernières séances :

Distance totale : .... Durée totale : ....
Vitesse Moyenne : ....
Notes :
....
....
....

Date : .... Objectif du jour : ....
Météo : ☀ ⛅ ☁ ⛈   Parcours : ....
Distance : .... Temps : ....
Vitesse Moyenne : .... Cals brûlées : ....

Objectif atteint : ☐ oui   ☐ non

• •

Date : .... Objectif du jour : ....
Météo : ☀ ⛅ ☁ ⛈   Parcours : ....
Distance : .... Temps : ....
Vitesse Moyenne : .... Cals brûlées : ....

Objectif atteint : ☐ oui   ☐ non

• •

Date : .... Objectif du jour : ....
Météo : ☀ ⛅ ☁ ⛈   Parcours : ....
Distance : .... Temps : ....
Vitesse Moyenne : .... Cals brûlées : ....

Objectif atteint : ☐ oui   ☐ non

• •

Bilan des 3 dernières séances :

Distance totale : .... Durée totale : ....
Vitesse Moyenne : ....
Notes :
....
....
....

Date : .... Objectif du jour : ....
Météo : ☀ ⛅ ☁ ⛈ Parcours : ....
Distance : .... Temps : ....
Vitesse Moyenne : .... Cals brûlées : ....

Objectif atteint : ☐ oui ☐ non

- -

Date : .... Objectif du jour : ....
Météo : ☀ ⛅ ☁ ⛈ Parcours : ....
Distance : .... Temps : ....
Vitesse Moyenne : .... Cals brûlées : ....

Objectif atteint : ☐ oui ☐ non

- -

Date : .... Objectif du jour : ....
Météo : ☀ ⛅ ☁ ⛈ Parcours : ....
Distance : .... Temps : ....
Vitesse Moyenne : .... Cals brûlées : ....

Objectif atteint : ☐ oui ☐ non

- -

Bilan des 3 dernières séances :

Distance totale : .... Durée totale : ....
Vitesse Moyenne : ....
Notes :
....
....
....

Date : .... Objectif du jour : ....
Météo : ☀ ⛅ ☁ ⛈ Parcours : ....
Distance : .... Temps : ....
Vitesse Moyenne : .... Cals brûlées : ....

🎖 **Objectif atteint :** ☐ oui   ☐ non

Date : .... Objectif du jour : ....
Météo : ☀ ⛅ ☁ ⛈ Parcours : ....
Distance : .... Temps : ....
Vitesse Moyenne : .... Cals brûlées : ....

🎖 **Objectif atteint :** ☐ oui   ☐ non

Date : .... Objectif du jour : ....
Météo : ☀ ⛅ ☁ ⛈ Parcours : ....
Distance : .... Temps : ....
Vitesse Moyenne : .... Cals brûlées : ....

🎖 **Objectif atteint :** ☐ oui   ☐ non

Bilan des 3 dernières séances :

Distance totale : ....   Durée totale : ....
Vitesse Moyenne : ....
Notes :
....
....
....

Date : .... Objectif du jour : ....
Météo : ☀ ⛅ 🌧 ⛈ Parcours : ....
Distance : .... Temps : ....
Vitesse Moyenne : .... Cals brûlées : ....

🎖 **Objectif atteint :** ☐ oui   ☐ non

• •

Date : .... Objectif du jour : ....
Météo : ☀ ⛅ 🌧 ⛈ Parcours : ....
Distance : .... Temps : ....
Vitesse Moyenne : .... Cals brûlées : ....

🎖 **Objectif atteint :** ☐ oui   ☐ non

• •

Date : .... Objectif du jour : ....
Météo : ☀ ⛅ 🌧 ⛈ Parcours : ....
Distance : .... Temps : ....
Vitesse Moyenne : .... Cals brûlées : ....

🎖 **Objectif atteint :** ☐ oui   ☐ non

• •

Bilan des 3 dernières séances :

Distance totale : .... Durée totale : ....
Vitesse Moyenne : ....
Notes :
....
....
....

Date : .... Objectif du jour : ....
Météo : ☀ ⛅ ☁ ⛈ Parcours : ....
Distance : .... Temps : ....
Vitesse Moyenne : .... Cals brûlées : ....

🎖 **Objectif atteint :** ☐ oui ☐ non

• •

Date : .... Objectif du jour : ....
Météo : ☀ ⛅ ☁ ⛈ Parcours : ....
Distance : .... Temps : ....
Vitesse Moyenne : .... Cals brûlées : ....

🎖 **Objectif atteint :** ☐ oui ☐ non

• •

Date : .... Objectif du jour : ....
Météo : ☀ ⛅ ☁ ⛈ Parcours : ....
Distance : .... Temps : ....
Vitesse Moyenne : .... Cals brûlées : ....

🎖 **Objectif atteint :** ☐ oui ☐ non

• •

Bilan des 3 dernières séances :

Distance totale : .... Durée totale : ....
Vitesse Moyenne : ....
Notes :
....
....
....

Date : .... Objectif du jour : ....
Météo : ☀ ⛅ ☁ ⛈ Parcours : ....
Distance : .... Temps : ....
Vitesse Moyenne : .... Cals brûlées : ....

🎖 **Objectif atteint :** ☐ oui   ☐ non

• •

Date : .... Objectif du jour : ....
Météo : ☀ ⛅ ☁ ⛈ Parcours : ....
Distance : .... Temps : ....
Vitesse Moyenne : .... Cals brûlées : ....

🎖 **Objectif atteint :** ☐ oui   ☐ non

• •

Date : .... Objectif du jour : ....
Météo : ☀ ⛅ ☁ ⛈ Parcours : ....
Distance : .... Temps : ....
Vitesse Moyenne : .... Cals brûlées : ....

🎖 **Objectif atteint :** ☐ oui   ☐ non

• •

Bilan des 3 dernières séances :

Distance totale : .... Durée totale : ....
Vitesse Moyenne : ....
Notes :
....
....
....

Date : .... Objectif du jour : ....
Météo : ☀ ⛅ ☁ ⛈ Parcours : ....
Distance : .... Temps : ....
Vitesse Moyenne : .... Cals brûlées : ....

🎖 **Objectif atteint :** ☐ oui ☐ non

• •

Date : .... Objectif du jour : ....
Météo : ☀ ⛅ ☁ ⛈ Parcours : ....
Distance : .... Temps : ....
Vitesse Moyenne : .... Cals brûlées : ....

🎖 **Objectif atteint :** ☐ oui ☐ non

• •

Date : .... Objectif du jour : ....
Météo : ☀ ⛅ ☁ ⛈ Parcours : ....
Distance : .... Temps : ....
Vitesse Moyenne : .... Cals brûlées : ....

🎖 **Objectif atteint :** ☐ oui ☐ non

• •

Bilan des 3 dernières séances :

Distance totale : .... Durée totale : ....
Vitesse Moyenne : ....
Notes :
....
....
....

Date : .... Objectif du jour : ....
Météo : ☀ ⛅ ☁ ⛈ Parcours : ....
Distance : .... Temps : ....
Vitesse Moyenne : .... Cals brûlées : ....

Objectif atteint : ☐ oui ☐ non

• •

Date : .... Objectif du jour : ....
Météo : ☀ ⛅ ☁ ⛈ Parcours : ....
Distance : .... Temps : ....
Vitesse Moyenne : .... Cals brûlées : ....

Objectif atteint : ☐ oui ☐ non

• •

Date : .... Objectif du jour : ....
Météo : ☀ ⛅ ☁ ⛈ Parcours : ....
Distance : .... Temps : ....
Vitesse Moyenne : .... Cals brûlées : ....

Objectif atteint : ☐ oui ☐ non

• •

Bilan des 3 dernières séances :

Distance totale : .... Durée totale : ....
Vitesse Moyenne : ....
Notes :
....
....
....

Date : .... Objectif du jour : ....
Météo : ☀ ⛅ ☁ ⛈ Parcours : ....
Distance : .... Temps : ....
Vitesse Moyenne : .... Cals brûlées : ....

🎖 **Objectif atteint :** ☐ oui ☐ non

· ·

Date : .... Objectif du jour : ....
Météo : ☀ ⛅ ☁ ⛈ Parcours : ....
Distance : .... Temps : ....
Vitesse Moyenne : .... Cals brûlées : ....

🎖 **Objectif atteint :** ☐ oui ☐ non

· ·

Date : .... Objectif du jour : ....
Météo : ☀ ⛅ ☁ ⛈ Parcours : ....
Distance : .... Temps : ....
Vitesse Moyenne : .... Cals brûlées : ....

🎖 **Objectif atteint :** ☐ oui ☐ non

· ·

Bilan des 3 dernières séances :

Distance totale : .... Durée totale : ....
Vitesse Moyenne : ....
Notes :
....
....
....

Date : ....   Objectif du jour : ....
Météo : ☀ ⛅ ☁ 🌧   Parcours : ....
Distance : ....   Temps : ....
Vitesse Moyenne : ....   Cals brûlées : ....

🏅 **Objectif atteint :** ☐ oui   ☐ non

- -

Date : ....   Objectif du jour : ....
Météo : ☀ ⛅ ☁ 🌧   Parcours : ....
Distance : ....   Temps : ....
Vitesse Moyenne : ....   Cals brûlées : ....

🏅 **Objectif atteint :** ☐ oui   ☐ non

- -

Date : ....   Objectif du jour : ....
Météo : ☀ ⛅ ☁ 🌧   Parcours : ....
Distance : ....   Temps : ....
Vitesse Moyenne : ....   Cals brûlées : ....

🏅 **Objectif atteint :** ☐ oui   ☐ non

- -

Bilan des 3 dernières séances :

Distance totale : ....   Durée totale : ....
Vitesse Moyenne : ....
Notes :
....
....
....

Date : .... Objectif du jour : ....
Météo : ☀ ⛅ ☁ ☁ Parcours : ....
Distance : .... Temps : ....
Vitesse Moyenne : .... Cals brûlées : ....

🎖 **Objectif atteint :** ☐ oui   ☐ non

- -

Date : .... Objectif du jour : ....
Météo : ☀ ⛅ ☁ ☁ Parcours : ....
Distance : .... Temps : ....
Vitesse Moyenne : .... Cals brûlées : ....

🎖 **Objectif atteint :** ☐ oui   ☐ non

- -

Date : .... Objectif du jour : ....
Météo : ☀ ⛅ ☁ ☁ Parcours : ....
Distance : .... Temps : ....
Vitesse Moyenne : .... Cals brûlées : ....

🎖 **Objectif atteint :** ☐ oui   ☐ non

- -

Bilan des 3 dernières séances :

Distance totale : .... Durée totale : ....
Vitesse Moyenne : ....
Notes :
....
....
....

Date : .... Objectif du jour : ....
Météo : ☀ ⛅ ☁ ⛈ Parcours : ....
Distance : .... Temps : ....
Vitesse Moyenne : .... Cals brûlées : ....

🎖 **Objectif atteint :** ☐ oui ☐ non

• •

Date : .... Objectif du jour : ....
Météo : ☀ ⛅ ☁ ⛈ Parcours : ....
Distance : .... Temps : ....
Vitesse Moyenne : .... Cals brûlées : ....

🎖 **Objectif atteint :** ☐ oui ☐ non

• •

Date : .... Objectif du jour : ....
Météo : ☀ ⛅ ☁ ⛈ Parcours : ....
Distance : .... Temps : ....
Vitesse Moyenne : .... Cals brûlées : ....

🎖 **Objectif atteint :** ☐ oui ☐ non

• •

Bilan des 3 dernières séances :

Distance totale : .... Durée totale : ....
Vitesse Moyenne : ....
Notes :
....
....
....

Date : .... Objectif du jour : ....
Météo : ☀ ⛅ ☁ 🌧 Parcours : ....
Distance : .... Temps : ....
Vitesse Moyenne : .... Cals brûlées : ....

🎖 **Objectif atteint :** ☐ oui ☐ non

• •

Date : .... Objectif du jour : ....
Météo : ☀ ⛅ ☁ 🌧 Parcours : ....
Distance : .... Temps : ....
Vitesse Moyenne : .... Cals brûlées : ....

🎖 **Objectif atteint :** ☐ oui ☐ non

• •

Date : .... Objectif du jour : ....
Météo : ☀ ⛅ ☁ 🌧 Parcours : ....
Distance : .... Temps : ....
Vitesse Moyenne : .... Cals brûlées : ....

🎖 **Objectif atteint :** ☐ oui ☐ non

• •

Bilan des 3 dernières séances :

Distance totale : .... Durée totale : ....
Vitesse Moyenne : ....
Notes :
....
....
....

Date : .... Objectif du jour : ....
Météo : ☀ ⛅ 🌧 ⛈ Parcours : ....
Distance : .... Temps : ....
Vitesse Moyenne : .... Cals brûlées : ....

🎖 **Objectif atteint :** ☐ oui ☐ non

• •

Date : .... Objectif du jour : ....
Météo : ☀ ⛅ 🌧 ⛈ Parcours : ....
Distance : .... Temps : ....
Vitesse Moyenne : .... Cals brûlées : ....

🎖 **Objectif atteint :** ☐ oui ☐ non

• •

Date : .... Objectif du jour : ....
Météo : ☀ ⛅ 🌧 ⛈ Parcours : ....
Distance : .... Temps : ....
Vitesse Moyenne : .... Cals brûlées : ....

🎖 **Objectif atteint :** ☐ oui ☐ non

• •

Bilan des 3 dernières séances :

Distance totale : .... Durée totale : ....
Vitesse Moyenne : ....
Notes :
....
....
....

Date : .... Objectif du jour : ....
Météo : ☀ ⛅ ☁ ⛈ Parcours : ....
Distance : .... Temps : ....
Vitesse Moyenne : .... Cals brûlées : ....

🎖 **Objectif atteint :** ☐ oui   ☐ non

• •

Date : .... Objectif du jour : ....
Météo : ☀ ⛅ ☁ ⛈ Parcours : ....
Distance : .... Temps : ....
Vitesse Moyenne : .... Cals brûlées : ....

🎖 **Objectif atteint :** ☐ oui   ☐ non

• •

Date : .... Objectif du jour : ....
Météo : ☀ ⛅ ☁ ⛈ Parcours : ....
Distance : .... Temps : ....
Vitesse Moyenne : .... Cals brûlées : ....

🎖 **Objectif atteint :** ☐ oui   ☐ non

• •

Bilan des 3 dernières séances :

Distance totale : .... Durée totale : ....
Vitesse Moyenne : ....
Notes :
....
....
....

Date : .... Objectif du jour : ....
Météo : ☀ ⛅ ☁ ⛈ Parcours : ....
Distance : .... Temps : ....
Vitesse Moyenne : .... Cals brûlées : ....

🎖 **Objectif atteint :** ☐ oui   ☐ non

· ·

Date : .... Objectif du jour : ....
Météo : ☀ ⛅ ☁ ⛈ Parcours : ....
Distance : .... Temps : ....
Vitesse Moyenne : .... Cals brûlées : ....

🎖 **Objectif atteint :** ☐ oui   ☐ non

· ·

Date : .... Objectif du jour : ....
Météo : ☀ ⛅ ☁ ⛈ Parcours : ....
Distance : .... Temps : ....
Vitesse Moyenne : .... Cals brûlées : ....

🎖 **Objectif atteint :** ☐ oui   ☐ non

· ·

Bilan des 3 dernières séances :

Distance totale : .... Durée totale : ....
Vitesse Moyenne : ....
Notes :
....
....
....

Date : .... Objectif du jour : ....
Météo : ☀ ⛅ ☁ ⛈ Parcours : ....
Distance : .... Temps : ....
Vitesse Moyenne : .... Cals brûlées : ....

🎖 **Objectif atteint :** ☐ oui ☐ non

• •

Date : .... Objectif du jour : ....
Météo : ☀ ⛅ ☁ ⛈ Parcours : ....
Distance : .... Temps : ....
Vitesse Moyenne : .... Cals brûlées : ....

🎖 **Objectif atteint :** ☐ oui ☐ non

• •

Date : .... Objectif du jour : ....
Météo : ☀ ⛅ ☁ ⛈ Parcours : ....
Distance : .... Temps : ....
Vitesse Moyenne : .... Cals brûlées : ....

🎖 **Objectif atteint :** ☐ oui ☐ non

• •

Bilan des 3 dernières séances :

Distance totale : .... Durée totale : ....
Vitesse Moyenne : ....
Notes :
....
....
....

Date : .... Objectif du jour : ....
Météo : ☀ ⛅ 🌧 🌬 Parcours : ....
Distance : .... Temps : ....
Vitesse Moyenne : .... Cals brûlées : ....

🎖 **Objectif atteint :** ☐ oui ☐ non

Date : .... Objectif du jour : ....
Météo : ☀ ⛅ 🌧 🌬 Parcours : ....
Distance : .... Temps : ....
Vitesse Moyenne : .... Cals brûlées : ....

🎖 **Objectif atteint :** ☐ oui ☐ non

Date : .... Objectif du jour : ....
Météo : ☀ ⛅ 🌧 🌬 Parcours : ....
Distance : .... Temps : ....
Vitesse Moyenne : .... Cals brûlées : ....

🎖 **Objectif atteint :** ☐ oui ☐ non

Bilan des 3 dernières séances :

Distance totale : .... Durée totale : ....
Vitesse Moyenne : ....
Notes :
....
....
....

Date : .... Objectif du jour : ....
Météo : ☀ ⛅ ☁ ⛈ Parcours : ....
Distance : .... Temps : ....
Vitesse Moyenne : .... Cals brûlées : ....

🎖 **Objectif atteint :** ☐ oui   ☐ non

· ·

Date : .... Objectif du jour : ....
Météo : ☀ ⛅ ☁ ⛈ Parcours : ....
Distance : .... Temps : ....
Vitesse Moyenne : .... Cals brûlées : ....

🎖 **Objectif atteint :** ☐ oui   ☐ non

· ·

Date : .... Objectif du jour : ....
Météo : ☀ ⛅ ☁ ⛈ Parcours : ....
Distance : .... Temps : ....
Vitesse Moyenne : .... Cals brûlées : ....

🎖 **Objectif atteint :** ☐ oui   ☐ non

· ·

Bilan des 3 dernières séances :

Distance totale : .... Durée totale : ....
Vitesse Moyenne : ....
Notes :
....
....
....

Date : .... Objectif du jour : ....
Météo : ☀ 🌤 🌧 ⛈ Parcours : ....
Distance : .... Temps : ....
Vitesse Moyenne : .... Cals brûlées : ....

🎖 **Objectif atteint :** ☐ oui   ☐ non

• •

Date : .... Objectif du jour : ....
Météo : ☀ 🌤 🌧 ⛈ Parcours : ....
Distance : .... Temps : ....
Vitesse Moyenne : .... Cals brûlées : ....

🎖 **Objectif atteint :** ☐ oui   ☐ non

• •

Date : .... Objectif du jour : ....
Météo : ☀ 🌤 🌧 ⛈ Parcours : ....
Distance : .... Temps : ....
Vitesse Moyenne : .... Cals brûlées : ....

🎖 **Objectif atteint :** ☐ oui   ☐ non

• •

Bilan des 3 dernières séances :

Distance totale : .... Durée totale : ....
Vitesse Moyenne : ....
Notes :
....
....
....

Date : .... Objectif du jour : ....
Météo : ☀ ⛅ ☁ ⛈ Parcours : ....
Distance : .... Temps : ....
Vitesse Moyenne : .... Cals brûlées : ....

🎖 **Objectif atteint :** ☐ oui   ☐ non

· ·

Date : .... Objectif du jour : ....
Météo : ☀ ⛅ ☁ ⛈ Parcours : ....
Distance : .... Temps : ....
Vitesse Moyenne : .... Cals brûlées : ....

🎖 **Objectif atteint :** ☐ oui   ☐ non

· ·

Date : .... Objectif du jour : ....
Météo : ☀ ⛅ ☁ ⛈ Parcours : ....
Distance : .... Temps : ....
Vitesse Moyenne : .... Cals brûlées : ....

🎖 **Objectif atteint :** ☐ oui   ☐ non

· ·

Bilan des 3 dernières séances :

Distance totale : .... Durée totale : ....
Vitesse Moyenne : ....
Notes :
....
....
....

Date : .... Objectif du jour : ....
Météo : ☀ 🌤 ☁ ⛈   Parcours : ....
Distance : .... Temps : ....
Vitesse Moyenne : .... Cals brûlées : ....

🎖 **Objectif atteint :** ☐ oui   ☐ non

• •

Date : .... Objectif du jour : ....
Météo : ☀ 🌤 ☁ ⛈   Parcours : ....
Distance : .... Temps : ....
Vitesse Moyenne : .... Cals brûlées : ....

🎖 **Objectif atteint :** ☐ oui   ☐ non

• •

Date : .... Objectif du jour : ....
Météo : ☀ 🌤 ☁ ⛈   Parcours : ....
Distance : .... Temps : ....
Vitesse Moyenne : .... Cals brûlées : ....

🎖 **Objectif atteint :** ☐ oui   ☐ non

• •

Bilan des 3 dernières séances :

Distance totale : .... Durée totale : ....
Vitesse Moyenne : ....
Notes :
....
....
....

Date : .... Objectif du jour : ....
Météo : ☀ ⛅ ☁ ⛈ Parcours : ....
Distance : .... Temps : ....
Vitesse Moyenne : .... Cals brûlées : ....

Objectif atteint : ☐ oui ☐ non

Date : .... Objectif du jour : ....
Météo : ☀ ⛅ ☁ ⛈ Parcours : ....
Distance : .... Temps : ....
Vitesse Moyenne : .... Cals brûlées : ....

Objectif atteint : ☐ oui ☐ non

Date : .... Objectif du jour : ....
Météo : ☀ ⛅ ☁ ⛈ Parcours : ....
Distance : .... Temps : ....
Vitesse Moyenne : .... Cals brûlées : ....

Objectif atteint : ☐ oui ☐ non

Bilan des 3 dernières séances :

Distance totale : .... Durée totale : ....
Vitesse Moyenne : ....
Notes :
....
....
....

Date : .... Objectif du jour : ....
Météo : ☀ ⛅ ☁ ⛈ Parcours : ....
Distance : .... Temps : ....
Vitesse Moyenne : .... Cals brûlées : ....

🏅 **Objectif atteint :** ☐ oui   ☐ non

• •

Date : .... Objectif du jour : ....
Météo : ☀ ⛅ ☁ ⛈ Parcours : ....
Distance : .... Temps : ....
Vitesse Moyenne : .... Cals brûlées : ....

🏅 **Objectif atteint :** ☐ oui   ☐ non

• •

Date : .... Objectif du jour : ....
Météo : ☀ ⛅ ☁ ⛈ Parcours : ....
Distance : .... Temps : ....
Vitesse Moyenne : .... Cals brûlées : ....

🏅 **Objectif atteint :** ☐ oui   ☐ non

• •

Bilan des 3 dernières séances :

Distance totale : .... Durée totale : ....
Vitesse Moyenne : ....
Notes :
....
....
....

Date : .... Objectif du jour : ....
Météo : ☀ ⛅ ☁ ⛈ 🌬 Parcours : ....
Distance : .... Temps : ....
Vitesse Moyenne : .... Cals brûlées : ....

🏅 **Objectif atteint :** ☐ oui   ☐ non

• •

Date : .... Objectif du jour : ....
Météo : ☀ ⛅ ☁ ⛈ 🌬 Parcours : ....
Distance : .... Temps : ....
Vitesse Moyenne : .... Cals brûlées : ....

🏅 **Objectif atteint :** ☐ oui   ☐ non

• •

Date : .... Objectif du jour : ....
Météo : ☀ ⛅ ☁ ⛈ 🌬 Parcours : ....
Distance : .... Temps : ....
Vitesse Moyenne : .... Cals brûlées : ....

🏅 **Objectif atteint :** ☐ oui   ☐ non

• •

Bilan des 3 dernières séances :

Distance totale : .... Durée totale : ....
Vitesse Moyenne : ....
Notes :
....
....
....

Date : .... Objectif du jour : ....
Météo : ☀ ⛅ ☁ ⛈   Parcours : ....
Distance : .... Temps : ....
Vitesse Moyenne : .... Cals brûlées : ....

🎖 **Objectif atteint :** ☐ oui   ☐ non

• •

Date : .... Objectif du jour : ....
Météo : ☀ ⛅ ☁ ⛈   Parcours : ....
Distance : .... Temps : ....
Vitesse Moyenne : .... Cals brûlées : ....

🎖 **Objectif atteint :** ☐ oui   ☐ non

• •

Date : .... Objectif du jour : ....
Météo : ☀ ⛅ ☁ ⛈   Parcours : ....
Distance : .... Temps : ....
Vitesse Moyenne : .... Cals brûlées : ....

🎖 **Objectif atteint :** ☐ oui   ☐ non

• •

Bilan des 3 dernières séances :

Distance totale : .... Durée totale : ....
Vitesse Moyenne : ....
Notes :
....
....
....

Date : .... Objectif du jour : ....
Météo : ☀ ⛅ ☁ ⛈ Parcours : ....
Distance : .... Temps : ....
Vitesse Moyenne : .... Cals brûlées : ....

Objectif atteint : ☐ oui   ☐ non

Date : .... Objectif du jour : ....
Météo : ☀ ⛅ ☁ ⛈ Parcours : ....
Distance : .... Temps : ....
Vitesse Moyenne : .... Cals brûlées : ....

Objectif atteint : ☐ oui   ☐ non

Date : .... Objectif du jour : ....
Météo : ☀ ⛅ ☁ ⛈ Parcours : ....
Distance : .... Temps : ....
Vitesse Moyenne : .... Cals brûlées : ....

Objectif atteint : ☐ oui   ☐ non

Bilan des 3 dernières séances :

Distance totale : .... Durée totale : ....
Vitesse Moyenne : ....
Notes :
....
....
....

Date : .... Objectif du jour : ....
Météo : ☀ ⛅ 🌧 ⛈ Parcours : ....
Distance : .... Temps : ....
Vitesse Moyenne : .... Cals brûlées : ....

🎖 **Objectif atteint :** ☐ oui   ☐ non

• •

Date : .... Objectif du jour : ....
Météo : ☀ ⛅ 🌧 ⛈ Parcours : ....
Distance : .... Temps : ....
Vitesse Moyenne : .... Cals brûlées : ....

🎖 **Objectif atteint :** ☐ oui   ☐ non

• •

Date : .... Objectif du jour : ....
Météo : ☀ ⛅ 🌧 ⛈ Parcours : ....
Distance : .... Temps : ....
Vitesse Moyenne : .... Cals brûlées : ....

🎖 **Objectif atteint :** ☐ oui   ☐ non

• •

Bilan des 3 dernières séances :

Distance totale : .... Durée totale : ....
Vitesse Moyenne : ....
Notes :
....
....
....

Date : .... Objectif du jour : ....
Météo : ☀ ⛅ ☁ ⛈ Parcours : ....
Distance : .... Temps : ....
Vitesse Moyenne : .... Cals brûlées : ....

🎖 **Objectif atteint :** ☐ oui ☐ non

Date : .... Objectif du jour : ....
Météo : ☀ ⛅ ☁ ⛈ Parcours : ....
Distance : .... Temps : ....
Vitesse Moyenne : .... Cals brûlées : ....

🎖 **Objectif atteint :** ☐ oui ☐ non

Date : .... Objectif du jour : ....
Météo : ☀ ⛅ ☁ ⛈ Parcours : ....
Distance : .... Temps : ....
Vitesse Moyenne : .... Cals brûlées : ....

🎖 **Objectif atteint :** ☐ oui ☐ non

Bilan des 3 dernières séances :

Distance totale : .... Durée totale : ....
Vitesse Moyenne : ....
Notes :
....
....
....

Date : .... Objectif du jour : ....
Météo : ☀ ⛅ ☁ 🌧 Parcours : ....
Distance : .... Temps : ....
Vitesse Moyenne : .... Cals brûlées : ....

🎖 **Objectif atteint :** ☐ oui   ☐ non

• •

Date : .... Objectif du jour : ....
Météo : ☀ ⛅ ☁ 🌧 Parcours : ....
Distance : .... Temps : ....
Vitesse Moyenne : .... Cals brûlées : ....

🎖 **Objectif atteint :** ☐ oui   ☐ non

• •

Date : .... Objectif du jour : ....
Météo : ☀ ⛅ ☁ 🌧 Parcours : ....
Distance : .... Temps : ....
Vitesse Moyenne : .... Cals brûlées : ....

🎖 **Objectif atteint :** ☐ oui   ☐ non

• •

Bilan des 3 dernières séances :

Distance totale : .... Durée totale : ....
Vitesse Moyenne : ....
Notes :
....
....
....

Date : .... Objectif du jour : ....
Météo : ☀ ⛅ ☁ ⛈ Parcours : ....
Distance : .... Temps : ....
Vitesse Moyenne : .... Cals brûlées : ....

🎗 **Objectif atteint :** ☐ oui ☐ non

• •

Date : .... Objectif du jour : ....
Météo : ☀ ⛅ ☁ ⛈ Parcours : ....
Distance : .... Temps : ....
Vitesse Moyenne : .... Cals brûlées : ....

🎗 **Objectif atteint :** ☐ oui ☐ non

• •

Date : .... Objectif du jour : ....
Météo : ☀ ⛅ ☁ ⛈ Parcours : ....
Distance : .... Temps : ....
Vitesse Moyenne : .... Cals brûlées : ....

🎗 **Objectif atteint :** ☐ oui ☐ non

• •

Bilan des 3 dernières séances :

Distance totale : .... Durée totale : ....
Vitesse Moyenne : ....
Notes :
....
....
....

Date : .... Objectif du jour : ....
Météo : ☀ ⛅ ☁ ⛈ Parcours : ....
Distance : .... Temps : ....
Vitesse Moyenne : .... Cals brûlées : ....

🎖 **Objectif atteint :** ☐ oui ☐ non

• •

Date : .... Objectif du jour : ....
Météo : ☀ ⛅ ☁ ⛈ Parcours : ....
Distance : .... Temps : ....
Vitesse Moyenne : .... Cals brûlées : ....

🎖 **Objectif atteint :** ☐ oui ☐ non

• •

Date : .... Objectif du jour : ....
Météo : ☀ ⛅ ☁ ⛈ Parcours : ....
Distance : .... Temps : ....
Vitesse Moyenne : .... Cals brûlées : ....

🎖 **Objectif atteint :** ☐ oui ☐ non

• •

Bilan des 3 dernières séances :

Distance totale : .... Durée totale : ....
Vitesse Moyenne : ....
Notes :
....
....
....

Date : .... Objectif du jour : ....
Météo : ☀ ⛅ ☁ ⛈ Parcours : ....
Distance : .... Temps : ....
Vitesse Moyenne : .... Cals brûlées : ....

🎖 **Objectif atteint :** ☐ oui   ☐ non

• •

Date : .... Objectif du jour : ....
Météo : ☀ ⛅ ☁ ⛈ Parcours : ....
Distance : .... Temps : ....
Vitesse Moyenne : .... Cals brûlées : ....

🎖 **Objectif atteint :** ☐ oui   ☐ non

• •

Date : .... Objectif du jour : ....
Météo : ☀ ⛅ ☁ ⛈ Parcours : ....
Distance : .... Temps : ....
Vitesse Moyenne : .... Cals brûlées : ....

🎖 **Objectif atteint :** ☐ oui   ☐ non

• •

Bilan des 3 dernières séances :

Distance totale : ....   Durée totale : ....
Vitesse Moyenne : ....
Notes :
....
....
....

Date : .... Objectif du jour : ....
Météo : ☀ ⛅ 🌧 ⛈   Parcours : ....
Distance : .... Temps : ....
Vitesse Moyenne : .... Cals brûlées : ....

🎖 **Objectif atteint :** ☐ oui   ☐ non

• •

Date : .... Objectif du jour : ....
Météo : ☀ ⛅ 🌧 ⛈   Parcours : ....
Distance : .... Temps : ....
Vitesse Moyenne : .... Cals brûlées : ....

🎖 **Objectif atteint :** ☐ oui   ☐ non

• •

Date : .... Objectif du jour : ....
Météo : ☀ ⛅ 🌧 ⛈   Parcours : ....
Distance : .... Temps : ....
Vitesse Moyenne : .... Cals brûlées : ....

🎖 **Objectif atteint :** ☐ oui   ☐ non

• •

Bilan des 3 dernières séances :

Distance totale : ....   Durée totale : ....
Vitesse Moyenne : ....
Notes :
....
....
....

Date : .... Objectif du jour : ....
Météo : ☀ ⛅ ☁ 🌧 Parcours : ....
Distance : .... Temps : ....
Vitesse Moyenne : .... Cals brûlées : ....

🎖 **Objectif atteint :** ☐ oui   ☐ non

• •

Date : .... Objectif du jour : ....
Météo : ☀ ⛅ ☁ 🌧 Parcours : ....
Distance : .... Temps : ....
Vitesse Moyenne : .... Cals brûlées : ....

🎖 **Objectif atteint :** ☐ oui   ☐ non

• •

Date : .... Objectif du jour : ....
Météo : ☀ ⛅ ☁ 🌧 Parcours : ....
Distance : .... Temps : ....
Vitesse Moyenne : .... Cals brûlées : ....

🎖 **Objectif atteint :** ☐ oui   ☐ non

• •

Bilan des 3 dernières séances :

Distance totale : .... Durée totale : ....
Vitesse Moyenne : ....
Notes :
....
....
....

Date : .... Objectif du jour : ....
Météo : ☀ ⛅ 🌧 ⛈ Parcours : ....
Distance : .... Temps : ....
Vitesse Moyenne : .... Cals brûlées : ....

🎖 **Objectif atteint :** ☐ oui ☐ non

• •

Date : .... Objectif du jour : ....
Météo : ☀ ⛅ 🌧 ⛈ Parcours : ....
Distance : .... Temps : ....
Vitesse Moyenne : .... Cals brûlées : ....

🎖 **Objectif atteint :** ☐ oui ☐ non

• •

Date : .... Objectif du jour : ....
Météo : ☀ ⛅ 🌧 ⛈ Parcours : ....
Distance : .... Temps : ....
Vitesse Moyenne : .... Cals brûlées : ....

🎖 **Objectif atteint :** ☐ oui ☐ non

• •

Bilan des 3 dernières séances :

Distance totale : .... Durée totale : ....
Vitesse Moyenne : ....
Notes :
....
....
....

Date : .... Objectif du jour : ....
Météo : ☀ ⛅ ☁ ⛈ Parcours : ....
Distance : .... Temps : ....
Vitesse Moyenne : .... Cals brûlées : ....

🎖 **Objectif atteint :** ☐ oui ☐ non

• •

Date : .... Objectif du jour : ....
Météo : ☀ ⛅ ☁ ⛈ Parcours : ....
Distance : .... Temps : ....
Vitesse Moyenne : .... Cals brûlées : ....

🎖 **Objectif atteint :** ☐ oui ☐ non

• •

Date : .... Objectif du jour : ....
Météo : ☀ ⛅ ☁ ⛈ Parcours : ....
Distance : .... Temps : ....
Vitesse Moyenne : .... Cals brûlées : ....

🎖 **Objectif atteint :** ☐ oui ☐ non

• •

Bilan des 3 dernières séances :

Distance totale : .... Durée totale : ....
Vitesse Moyenne : ....
Notes :
....
....
....

Date : .... Objectif du jour : ....
Météo : ☀ ⛅ ☁ ⛈ Parcours : ....
Distance : .... Temps : ....
Vitesse Moyenne : .... Cals brûlées : ....

🎖 **Objectif atteint :** ☐ oui ☐ non

• •

Date : .... Objectif du jour : ....
Météo : ☀ ⛅ ☁ ⛈ Parcours : ....
Distance : .... Temps : ....
Vitesse Moyenne : .... Cals brûlées : ....

🎖 **Objectif atteint :** ☐ oui ☐ non

• •

Date : .... Objectif du jour : ....
Météo : ☀ ⛅ ☁ ⛈ Parcours : ....
Distance : .... Temps : ....
Vitesse Moyenne : .... Cals brûlées : ....

🎖 **Objectif atteint :** ☐ oui ☐ non

• •

Bilan des 3 dernières séances :

Distance totale : .... Durée totale : ....
Vitesse Moyenne : ....
Notes :
....
....
....

Date : .... Objectif du jour : ....
Météo : ☀ ⛅ 🌧 ⛈ Parcours : ....
Distance : .... Temps : ....
Vitesse Moyenne : .... Cals brûlées : ....

🎗 **Objectif atteint :** ☐ oui ☐ non

• •

Date : .... Objectif du jour : ....
Météo : ☀ ⛅ 🌧 ⛈ Parcours : ....
Distance : .... Temps : ....
Vitesse Moyenne : .... Cals brûlées : ....

🎗 **Objectif atteint :** ☐ oui ☐ non

• •

Date : .... Objectif du jour : ....
Météo : ☀ ⛅ 🌧 ⛈ Parcours : ....
Distance : .... Temps : ....
Vitesse Moyenne : .... Cals brûlées : ....

🎗 **Objectif atteint :** ☐ oui ☐ non

• •

Bilan des 3 dernières séances :

Distance totale : .... Durée totale : ....
Vitesse Moyenne : ....
Notes :
....
....
....

Date : .... Objectif du jour : ....
Météo : ☀ ⛅ ☁ ⛈ Parcours : ....
Distance : .... Temps : ....
Vitesse Moyenne : .... Cals brûlées : ....

🎖 **Objectif atteint :** ☐ oui ☐ non

• •

Date : .... Objectif du jour : ....
Météo : ☀ ⛅ ☁ ⛈ Parcours : ....
Distance : .... Temps : ....
Vitesse Moyenne : .... Cals brûlées : ....

🎖 **Objectif atteint :** ☐ oui ☐ non

• •

Date : .... Objectif du jour : ....
Météo : ☀ ⛅ ☁ ⛈ Parcours : ....
Distance : .... Temps : ....
Vitesse Moyenne : .... Cals brûlées : ....

🎖 **Objectif atteint :** ☐ oui ☐ non

• •

Bilan des 3 dernières séances :

Distance totale : .... Durée totale : ....
Vitesse Moyenne : ....
Notes :
....
....
....

Date : .... Objectif du jour : ....
Météo : ☀ ⛅ ☁ ⛈ Parcours : ....
Distance : .... Temps : ....
Vitesse Moyenne : .... Cals brûlées : ....

🎖 **Objectif atteint :** ☐ oui ☐ non

• •

Date : .... Objectif du jour : ....
Météo : ☀ ⛅ ☁ ⛈ Parcours : ....
Distance : .... Temps : ....
Vitesse Moyenne : .... Cals brûlées : ....

🎖 **Objectif atteint :** ☐ oui ☐ non

• •

Date : .... Objectif du jour : ....
Météo : ☀ ⛅ ☁ ⛈ Parcours : ....
Distance : .... Temps : ....
Vitesse Moyenne : .... Cals brûlées : ....

🎖 **Objectif atteint :** ☐ oui ☐ non

• •

Bilan des 3 dernières séances :

Distance totale : .... Durée totale : ....
Vitesse Moyenne : ....
Notes :
....
....
....

Date : .... Objectif du jour : ....
Météo : ☀ ⛅ 🌧 ⛈ Parcours : ....
Distance : .... Temps : ....
Vitesse Moyenne : .... Cals brûlées : ....

🎖 **Objectif atteint :** ☐ oui ☐ non

• •

Date : .... Objectif du jour : ....
Météo : ☀ ⛅ 🌧 ⛈ Parcours : ....
Distance : .... Temps : ....
Vitesse Moyenne : .... Cals brûlées : ....

🎖 **Objectif atteint :** ☐ oui ☐ non

• •

Date : .... Objectif du jour : ....
Météo : ☀ ⛅ 🌧 ⛈ Parcours : ....
Distance : .... Temps : ....
Vitesse Moyenne : .... Cals brûlées : ....

🎖 **Objectif atteint :** ☐ oui ☐ non

• •

Bilan des 3 dernières séances :

Distance totale : .... Durée totale : ....
Vitesse Moyenne : ....
Notes :
....
....
....

Date : .... Objectif du jour : ....
Météo : ☀ ⛅ ☁ ☁ Parcours : ....
Distance : .... Temps : ....
Vitesse Moyenne : .... Cals brûlées : ....

Objectif atteint : ☐ oui ☐ non

Date : .... Objectif du jour : ....
Météo : ☀ ⛅ ☁ ☁ Parcours : ....
Distance : .... Temps : ....
Vitesse Moyenne : .... Cals brûlées : ....

Objectif atteint : ☐ oui ☐ non

Date : .... Objectif du jour : ....
Météo : ☀ ⛅ ☁ ☁ Parcours : ....
Distance : .... Temps : ....
Vitesse Moyenne : .... Cals brûlées : ....

Objectif atteint : ☐ oui ☐ non

Bilan des 3 dernières séances :

Distance totale : .... Durée totale : ....
Vitesse Moyenne : ....
Notes :
....
....
....

Date : .... Objectif du jour : ....
Météo : ☀ ⛅ 🌧 🌬 Parcours : ....
Distance : .... Temps : ....
Vitesse Moyenne : .... Cals brûlées : ....

🎖 **Objectif atteint :** ☐ oui ☐ non

• •

Date : .... Objectif du jour : ....
Météo : ☀ ⛅ 🌧 🌬 Parcours : ....
Distance : .... Temps : ....
Vitesse Moyenne : .... Cals brûlées : ....

🎖 **Objectif atteint :** ☐ oui ☐ non

• •

Date : .... Objectif du jour : ....
Météo : ☀ ⛅ 🌧 🌬 Parcours : ....
Distance : .... Temps : ....
Vitesse Moyenne : .... Cals brûlées : ....

🎖 **Objectif atteint :** ☐ oui ☐ non

• •

Bilan des 3 dernières séances :

Distance totale : .... Durée totale : ....
Vitesse Moyenne : ....
Notes :
....
....
....

Date : ....   Objectif du jour : ....
Météo : ☀ ⛅ ☁ 🌧 💨   Parcours : ....
Distance : ....   Temps : ....
Vitesse Moyenne : ....   Cals brûlées : ....

🎗 **Objectif atteint :**   ☐ oui   ☐ non

• •

Date : ....   Objectif du jour : ....
Météo : ☀ ⛅ ☁ 🌧 💨   Parcours : ....
Distance : ....   Temps : ....
Vitesse Moyenne : ....   Cals brûlées : ....

🎗 **Objectif atteint :**   ☐ oui   ☐ non

• •

Date : ....   Objectif du jour : ....
Météo : ☀ ⛅ ☁ 🌧 💨   Parcours : ....
Distance : ....   Temps : ....
Vitesse Moyenne : ....   Cals brûlées : ....

🎗 **Objectif atteint :**   ☐ oui   ☐ non

• •

Bilan des 3 dernières séances :

Distance totale : ....   Durée totale : ....
Vitesse Moyenne : ....
Notes :
....
....
....

Date : .... Objectif du jour : ....
Météo : ☀ ⛅ ☁ ⛈ Parcours : ....
Distance : .... Temps : ....
Vitesse Moyenne : .... Cals brûlées : ....

🎖 **Objectif atteint :** ☐ oui ☐ non

• •

Date : .... Objectif du jour : ....
Météo : ☀ ⛅ ☁ ⛈ Parcours : ....
Distance : .... Temps : ....
Vitesse Moyenne : .... Cals brûlées : ....

🎖 **Objectif atteint :** ☐ oui ☐ non

• •

Date : .... Objectif du jour : ....
Météo : ☀ ⛅ ☁ ⛈ Parcours : ....
Distance : .... Temps : ....
Vitesse Moyenne : .... Cals brûlées : ....

🎖 **Objectif atteint :** ☐ oui ☐ non

• •

Bilan des 3 dernières séances :

Distance totale : .... Durée totale : ....
Vitesse Moyenne : ....
Notes :
....
....
....

Date : .... Objectif du jour : ....
Météo : ☀ ⛅ ☁ ⛈ 🌬 Parcours : ....
Distance : .... Temps : ....
Vitesse Moyenne : .... Cals brûlées : ....

🎖 **Objectif atteint :** ☐ oui ☐ non

• •

Date : .... Objectif du jour : ....
Météo : ☀ ⛅ ☁ ⛈ 🌬 Parcours : ....
Distance : .... Temps : ....
Vitesse Moyenne : .... Cals brûlées : ....

🎖 **Objectif atteint :** ☐ oui ☐ non

• •

Date : .... Objectif du jour : ....
Météo : ☀ ⛅ ☁ ⛈ 🌬 Parcours : ....
Distance : .... Temps : ....
Vitesse Moyenne : .... Cals brûlées : ....

🎖 **Objectif atteint :** ☐ oui ☐ non

• •

Bilan des 3 dernières séances :

Distance totale : .... Durée totale : ....
Vitesse Moyenne : ....
Notes :
....
....
....

Date : .... Objectif du jour : ....
Météo : ☀️ ⛅ ☁️ ⛈️ Parcours : ....
Distance : .... Temps : ....
Vitesse Moyenne : .... Cals brûlées : ....

🎖️ **Objectif atteint :** ☐ oui ☐ non

• •

Date : .... Objectif du jour : ....
Météo : ☀️ ⛅ ☁️ ⛈️ Parcours : ....
Distance : .... Temps : ....
Vitesse Moyenne : .... Cals brûlées : ....

🎖️ **Objectif atteint :** ☐ oui ☐ non

• •

Date : .... Objectif du jour : ....
Météo : ☀️ ⛅ ☁️ ⛈️ Parcours : ....
Distance : .... Temps : ....
Vitesse Moyenne : .... Cals brûlées : ....

🎖️ **Objectif atteint :** ☐ oui ☐ non

• •

Bilan des 3 dernières séances :

Distance totale : .... Durée totale : ....
Vitesse Moyenne : ....
Notes :
....
....
....

Date : .... Objectif du jour : ....
Météo : ☀ ⛅ ☁ ⛈ Parcours : ....
Distance : .... Temps : ....
Vitesse Moyenne : .... Cals brûlées : ....

🎖 **Objectif atteint :** ☐ oui   ☐ non

• •

Date : .... Objectif du jour : ....
Météo : ☀ ⛅ ☁ ⛈ Parcours : ....
Distance : .... Temps : ....
Vitesse Moyenne : .... Cals brûlées : ....

🎖 **Objectif atteint :** ☐ oui   ☐ non

• •

Date : .... Objectif du jour : ....
Météo : ☀ ⛅ ☁ ⛈ Parcours : ....
Distance : .... Temps : ....
Vitesse Moyenne : .... Cals brûlées : ....

🎖 **Objectif atteint :** ☐ oui   ☐ non

• •

Bilan des 3 dernières séances :

Distance totale : .... Durée totale : ....
Vitesse Moyenne : ....
Notes :
....
....
....

Date : .... Objectif du jour : ....
Météo : ☀ ⛅ ☁ 🌧 Parcours : ....
Distance : .... Temps : ....
Vitesse Moyenne : .... Cals brûlées : ....

🎖 **Objectif atteint :** ☐ oui   ☐ non

• •

Date : .... Objectif du jour : ....
Météo : ☀ ⛅ ☁ 🌧 Parcours : ....
Distance : .... Temps : ....
Vitesse Moyenne : .... Cals brûlées : ....

🎖 **Objectif atteint :** ☐ oui   ☐ non

• •

Date : .... Objectif du jour : ....
Météo : ☀ ⛅ ☁ 🌧 Parcours : ....
Distance : .... Temps : ....
Vitesse Moyenne : .... Cals brûlées : ....

🎖 **Objectif atteint :** ☐ oui   ☐ non

• •

Bilan des 3 dernières séances :

Distance totale : .... Durée totale : ....
Vitesse Moyenne : ....
Notes :
....
....
....

Date : .... Objectif du jour : ....
Météo : ☀ ⛅ ☁ ☁ Parcours : ....
Distance : .... Temps : ....
Vitesse Moyenne : .... Cals brûlées : ....

🎖 **Objectif atteint :** ☐ oui ☐ non

• •

Date : .... Objectif du jour : ....
Météo : ☀ ⛅ ☁ ☁ Parcours : ....
Distance : .... Temps : ....
Vitesse Moyenne : .... Cals brûlées : ....

🎖 **Objectif atteint :** ☐ oui ☐ non

• •

Date : .... Objectif du jour : ....
Météo : ☀ ⛅ ☁ ☁ Parcours : ....
Distance : .... Temps : ....
Vitesse Moyenne : .... Cals brûlées : ....

🎖 **Objectif atteint :** ☐ oui ☐ non

• •

Bilan des 3 dernières séances :

Distance totale : .... Durée totale : ....
Vitesse Moyenne : ....
Notes :
....
....
....

Date : .... Objectif du jour : ....
Météo : ☀ ⛅ ☁ ⛈ Parcours : ....
Distance : .... Temps : ....
Vitesse Moyenne : .... Cals brûlées : ....

Objectif atteint : ☐ oui ☐ non

• •

Date : .... Objectif du jour : ....
Météo : ☀ ⛅ ☁ ⛈ Parcours : ....
Distance : .... Temps : ....
Vitesse Moyenne : .... Cals brûlées : ....

Objectif atteint : ☐ oui ☐ non

• •

Date : .... Objectif du jour : ....
Météo : ☀ ⛅ ☁ ⛈ Parcours : ....
Distance : .... Temps : ....
Vitesse Moyenne : .... Cals brûlées : ....

Objectif atteint : ☐ oui ☐ non

• •

Bilan des 3 dernières séances :

Distance totale : .... Durée totale : ....
Vitesse Moyenne : ....
Notes :
....
....
....

Date : .... Objectif du jour : ....
Météo : ☀ ⛅ ☁ ⛈ Parcours : ....
Distance : .... Temps : ....
Vitesse Moyenne : .... Cals brûlées : ....

Objectif atteint : ☐ oui   ☐ non

Date : .... Objectif du jour : ....
Météo : ☀ ⛅ ☁ ⛈ Parcours : ....
Distance : .... Temps : ....
Vitesse Moyenne : .... Cals brûlées : ....

Objectif atteint : ☐ oui   ☐ non

Date : .... Objectif du jour : ....
Météo : ☀ ⛅ ☁ ⛈ Parcours : ....
Distance : .... Temps : ....
Vitesse Moyenne : .... Cals brûlées : ....

Objectif atteint : ☐ oui   ☐ non

Bilan des 3 dernières séances :

Distance totale : ....   Durée totale : ....
Vitesse Moyenne : ....
Notes :
....
....
....

Date : .... Objectif du jour : ....
Météo : ☀ ⛅ ☁ ⛈ Parcours : ....
Distance : .... Temps : ....
Vitesse Moyenne : .... Cals brûlées : ....

🎖 **Objectif atteint :** ☐ oui ☐ non

• •

Date : .... Objectif du jour : ....
Météo : ☀ ⛅ ☁ ⛈ Parcours : ....
Distance : .... Temps : ....
Vitesse Moyenne : .... Cals brûlées : ....

🎖 **Objectif atteint :** ☐ oui ☐ non

• •

Date : .... Objectif du jour : ....
Météo : ☀ ⛅ ☁ ⛈ Parcours : ....
Distance : .... Temps : ....
Vitesse Moyenne : .... Cals brûlées : ....

🎖 **Objectif atteint :** ☐ oui ☐ non

• •

Bilan des 3 dernières séances :

Distance totale : .... Durée totale : ....
Vitesse Moyenne : ....
Notes :
....
....
....

Date : .... Objectif du jour : ....
Météo : ☀ ⛅ ☁ 🌧 Parcours : ....
Distance : .... Temps : ....
Vitesse Moyenne : .... Cals brûlées : ....

🎖 **Objectif atteint :** ☐ oui   ☐ non

• •

Date : .... Objectif du jour : ....
Météo : ☀ ⛅ ☁ 🌧 Parcours : ....
Distance : .... Temps : ....
Vitesse Moyenne : .... Cals brûlées : ....

🎖 **Objectif atteint :** ☐ oui   ☐ non

• •

Date : .... Objectif du jour : ....
Météo : ☀ ⛅ ☁ 🌧 Parcours : ....
Distance : .... Temps : ....
Vitesse Moyenne : .... Cals brûlées : ....

🎖 **Objectif atteint :** ☐ oui   ☐ non

• •

Bilan des 3 dernières séances :

Distance totale : .... Durée totale : ....
Vitesse Moyenne : ....
Notes :
....
....
....

Date : .... Objectif du jour : ....
Météo : ☀ ⛅ ☁ ⛈ Parcours : ....
Distance : .... Temps : ....
Vitesse Moyenne : .... Cals brûlées : ....

🎖 **Objectif atteint :** ☐ oui ☐ non

• •

Date : .... Objectif du jour : ....
Météo : ☀ ⛅ ☁ ⛈ Parcours : ....
Distance : .... Temps : ....
Vitesse Moyenne : .... Cals brûlées : ....

🎖 **Objectif atteint :** ☐ oui ☐ non

• •

Date : .... Objectif du jour : ....
Météo : ☀ ⛅ ☁ ⛈ Parcours : ....
Distance : .... Temps : ....
Vitesse Moyenne : .... Cals brûlées : ....

🎖 **Objectif atteint :** ☐ oui ☐ non

• •

Bilan des 3 dernières séances :

Distance totale : .... Durée totale : ....
Vitesse Moyenne : ....
Notes :
....
....
....

Date : .... Objectif du jour : ....
Météo : ☀ ⛅ ☁ ⛈ Parcours : ....
Distance : .... Temps : ....
Vitesse Moyenne : .... Cals brûlées : ....

🎖 **Objectif atteint :** ☐ oui ☐ non

• •

Date : .... Objectif du jour : ....
Météo : ☀ ⛅ ☁ ⛈ Parcours : ....
Distance : .... Temps : ....
Vitesse Moyenne : .... Cals brûlées : ....

🎖 **Objectif atteint :** ☐ oui ☐ non

• •

Date : .... Objectif du jour : ....
Météo : ☀ ⛅ ☁ ⛈ Parcours : ....
Distance : .... Temps : ....
Vitesse Moyenne : .... Cals brûlées : ....

🎖 **Objectif atteint :** ☐ oui ☐ non

• •

Bilan des 3 dernières séances :

Distance totale : .... Durée totale : ....
Vitesse Moyenne : ....
Notes :
....
....
....

Date : .... Objectif du jour : ....
Météo : ☀ ⛅ ☁ ⛈ Parcours : ....
Distance : .... Temps : ....
Vitesse Moyenne : .... Cals brûlées : ....

🎖 **Objectif atteint :** ☐ oui   ☐ non

• •

Date : .... Objectif du jour : ....
Météo : ☀ ⛅ ☁ ⛈ Parcours : ....
Distance : .... Temps : ....
Vitesse Moyenne : .... Cals brûlées : ....

🎖 **Objectif atteint :** ☐ oui   ☐ non

• •

Date : .... Objectif du jour : ....
Météo : ☀ ⛅ ☁ ⛈ Parcours : ....
Distance : .... Temps : ....
Vitesse Moyenne : .... Cals brûlées : ....

🎖 **Objectif atteint :** ☐ oui   ☐ non

• •

Bilan des 3 dernières séances :

Distance totale : .... Durée totale : ....
Vitesse Moyenne : ....
Notes :
....
....
....

Date : .... Objectif du jour : ....
Météo : ☀ ⛅ ☁ 🌧 Parcours : ....
Distance : .... Temps : ....
Vitesse Moyenne : .... Cals brûlées : ....

🎖 **Objectif atteint :** ☐ oui ☐ non

· ·

Date : .... Objectif du jour : ....
Météo : ☀ ⛅ ☁ 🌧 Parcours : ....
Distance : .... Temps : ....
Vitesse Moyenne : .... Cals brûlées : ....

🎖 **Objectif atteint :** ☐ oui ☐ non

· ·

Date : .... Objectif du jour : ....
Météo : ☀ ⛅ ☁ 🌧 Parcours : ....
Distance : .... Temps : ....
Vitesse Moyenne : .... Cals brûlées : ....

🎖 **Objectif atteint :** ☐ oui ☐ non

· ·

Bilan des 3 dernières séances :

Distance totale : .... Durée totale : ....
Vitesse Moyenne : ....
Notes :
....
....
....

Date : .... Objectif du jour : ....
Météo : ☀ ⛅ ☁ ⛈ Parcours : ....
Distance : .... Temps : ....
Vitesse Moyenne : .... Cals brûlées : ....

🎖 **Objectif atteint :** ☐ oui   ☐ non

• •

Date : .... Objectif du jour : ....
Météo : ☀ ⛅ ☁ ⛈ Parcours : ....
Distance : .... Temps : ....
Vitesse Moyenne : .... Cals brûlées : ....

🎖 **Objectif atteint :** ☐ oui   ☐ non

• •

Date : .... Objectif du jour : ....
Météo : ☀ ⛅ ☁ ⛈ Parcours : ....
Distance : .... Temps : ....
Vitesse Moyenne : .... Cals brûlées : ....

🎖 **Objectif atteint :** ☐ oui   ☐ non

• •

Bilan des 3 dernières séances :

Distance totale : .... Durée totale : ....
Vitesse Moyenne : ....
Notes :
....
....
....

Date : .... Objectif du jour : ....
Météo : ☀ ⛅ ☁ 🌧 Parcours : ....
Distance : .... Temps : ....
Vitesse Moyenne : .... Cals brûlées : ....

🎖 **Objectif atteint :** ☐ oui ☐ non

⋯⋯⋯⋯⋯⋯⋯⋯⋯⋯⋯⋯⋯⋯⋯⋯⋯⋯

Date : .... Objectif du jour : ....
Météo : ☀ ⛅ ☁ 🌧 Parcours : ....
Distance : .... Temps : ....
Vitesse Moyenne : .... Cals brûlées : ....

🎖 **Objectif atteint :** ☐ oui ☐ non

⋯⋯⋯⋯⋯⋯⋯⋯⋯⋯⋯⋯⋯⋯⋯⋯⋯⋯

Date : .... Objectif du jour : ....
Météo : ☀ ⛅ ☁ 🌧 Parcours : ....
Distance : .... Temps : ....
Vitesse Moyenne : .... Cals brûlées : ....

🎖 **Objectif atteint :** ☐ oui ☐ non

⋯⋯⋯⋯⋯⋯⋯⋯⋯⋯⋯⋯⋯⋯⋯⋯⋯⋯

Bilan des 3 dernières séances :

Distance totale : .... Durée totale : ....
Vitesse Moyenne : ....
Notes :
....
....
....

Date : .... Objectif du jour : ....
Météo : ☀ ⛅ ☁ 🌧 Parcours : ....
Distance : .... Temps : ....
Vitesse Moyenne : .... Cals brûlées : ....

🎖 **Objectif atteint :** ☐ oui   ☐ non

• •

Date : .... Objectif du jour : ....
Météo : ☀ ⛅ ☁ 🌧 Parcours : ....
Distance : .... Temps : ....
Vitesse Moyenne : .... Cals brûlées : ....

🎖 **Objectif atteint :** ☐ oui   ☐ non

• •

Date : .... Objectif du jour : ....
Météo : ☀ ⛅ ☁ 🌧 Parcours : ....
Distance : .... Temps : ....
Vitesse Moyenne : .... Cals brûlées : ....

🎖 **Objectif atteint :** ☐ oui   ☐ non

• •

Bilan des 3 dernières séances :

Distance totale : .... Durée totale : ....
Vitesse Moyenne : ....
Notes :
....
....
....

Date : .... Objectif du jour : ....
Météo : ☀ ⛅ ☁ ⛈   Parcours : ....
Distance : .... Temps : ....
Vitesse Moyenne : .... Cals brûlées : ....

🎖 **Objectif atteint :** ☐ oui   ☐ non

• •

Date : .... Objectif du jour : ....
Météo : ☀ ⛅ ☁ ⛈   Parcours : ....
Distance : .... Temps : ....
Vitesse Moyenne : .... Cals brûlées : ....

🎖 **Objectif atteint :** ☐ oui   ☐ non

• •

Date : .... Objectif du jour : ....
Météo : ☀ ⛅ ☁ ⛈   Parcours : ....
Distance : .... Temps : ....
Vitesse Moyenne : .... Cals brûlées : ....

🎖 **Objectif atteint :** ☐ oui   ☐ non

• •

Bilan des 3 dernières séances :

Distance totale : ....   Durée totale : ....
Vitesse Moyenne : ....
Notes :
....
....
....

Date : .... Objectif du jour : ....
Météo : ☀ ⛅ ☁ 🌧 Parcours : ....
Distance : .... Temps : ....
Vitesse Moyenne : .... Cals brûlées : ....

🏅 **Objectif atteint :** ☐ oui ☐ non

- -

Date : .... Objectif du jour : ....
Météo : ☀ ⛅ ☁ 🌧 Parcours : ....
Distance : .... Temps : ....
Vitesse Moyenne : .... Cals brûlées : ....

🏅 **Objectif atteint :** ☐ oui ☐ non

- -

Date : .... Objectif du jour : ....
Météo : ☀ ⛅ ☁ 🌧 Parcours : ....
Distance : .... Temps : ....
Vitesse Moyenne : .... Cals brûlées : ....

🏅 **Objectif atteint :** ☐ oui ☐ non

- -

Bilan des 3 dernières séances :

Distance totale : .... Durée totale : ....
Vitesse Moyenne : ....
Notes :
....
....
....

Date : .... Objectif du jour : ....
Météo : ☀ ⛅ ☁ ☂ Parcours : ....
Distance : .... Temps : ....
Vitesse Moyenne : .... Cals brûlées : ....

🎖 **Objectif atteint :** ☐ oui ☐ non

• •

Date : .... Objectif du jour : ....
Météo : ☀ ⛅ ☁ ☂ Parcours : ....
Distance : .... Temps : ....
Vitesse Moyenne : .... Cals brûlées : ....

🎖 **Objectif atteint :** ☐ oui ☐ non

• •

Date : .... Objectif du jour : ....
Météo : ☀ ⛅ ☁ ☂ Parcours : ....
Distance : .... Temps : ....
Vitesse Moyenne : .... Cals brûlées : ....

🎖 **Objectif atteint :** ☐ oui ☐ non

• •

Bilan des 3 dernières séances :

Distance totale : .... Durée totale : ....
Vitesse Moyenne : ....
Notes :
....
....
....

Date : .... Objectif du jour : ....
Météo : ☀ ⛅ ☁ ⛈   Parcours : ....
Distance : .... Temps : ....
Vitesse Moyenne : .... Cals brûlées : ....

🎖 **Objectif atteint :** ☐ oui   ☐ non

• •

Date : .... Objectif du jour : ....
Météo : ☀ ⛅ ☁ ⛈   Parcours : ....
Distance : .... Temps : ....
Vitesse Moyenne : .... Cals brûlées : ....

🎖 **Objectif atteint :** ☐ oui   ☐ non

• •

Date : .... Objectif du jour : ....
Météo : ☀ ⛅ ☁ ⛈   Parcours : ....
Distance : .... Temps : ....
Vitesse Moyenne : .... Cals brûlées : ....

🎖 **Objectif atteint :** ☐ oui   ☐ non

• •

Bilan des 3 dernières séances :

Distance totale : .... Durée totale : ....
Vitesse Moyenne : ....
Notes :
....
....
....

Date : .... Objectif du jour : ....
Météo : ☀ ⛅ ☁ ⛈ Parcours : ....
Distance : .... Temps : ....
Vitesse Moyenne : .... Cals brûlées : ....

🎖 **Objectif atteint :** ☐ oui ☐ non

• •

Date : .... Objectif du jour : ....
Météo : ☀ ⛅ ☁ ⛈ Parcours : ....
Distance : .... Temps : ....
Vitesse Moyenne : .... Cals brûlées : ....

🎖 **Objectif atteint :** ☐ oui ☐ non

• •

Date : .... Objectif du jour : ....
Météo : ☀ ⛅ ☁ ⛈ Parcours : ....
Distance : .... Temps : ....
Vitesse Moyenne : .... Cals brûlées : ....

🎖 **Objectif atteint :** ☐ oui ☐ non

• •

Bilan des 3 dernières séances :

Distance totale : .... Durée totale : ....
Vitesse Moyenne : ....
Notes :
....
....
....

Date : .... Objectif du jour : ....
Météo : ☀ ⛅ ☁ 🌧 Parcours : ....
Distance : .... Temps : ....
Vitesse Moyenne : .... Cals brûlées : ....

🎖 **Objectif atteint :** ☐ oui ☐ non

• •

Date : .... Objectif du jour : ....
Météo : ☀ ⛅ ☁ 🌧 Parcours : ....
Distance : .... Temps : ....
Vitesse Moyenne : .... Cals brûlées : ....

🎖 **Objectif atteint :** ☐ oui ☐ non

• •

Date : .... Objectif du jour : ....
Météo : ☀ ⛅ ☁ 🌧 Parcours : ....
Distance : .... Temps : ....
Vitesse Moyenne : .... Cals brûlées : ....

🎖 **Objectif atteint :** ☐ oui ☐ non

• •

Bilan des 3 dernières séances :

Distance totale : .... Durée totale : ....
Vitesse Moyenne : ....
Notes :
....
....
....

Date : .... Objectif du jour : ....
Météo : ☀ ⛅ 🌧 ⛈ Parcours : ....
Distance : .... Temps : ....
Vitesse Moyenne : .... Cals brûlées : ....

🎖 **Objectif atteint :** ☐ oui ☐ non

• •

Date : .... Objectif du jour : ....
Météo : ☀ ⛅ 🌧 ⛈ Parcours : ....
Distance : .... Temps : ....
Vitesse Moyenne : .... Cals brûlées : ....

🎖 **Objectif atteint :** ☐ oui ☐ non

• •

Date : .... Objectif du jour : ....
Météo : ☀ ⛅ 🌧 ⛈ Parcours : ....
Distance : .... Temps : ....
Vitesse Moyenne : .... Cals brûlées : ....

🎖 **Objectif atteint :** ☐ oui ☐ non

• •

Bilan des 3 dernières séances :

Distance totale : .... Durée totale : ....
Vitesse Moyenne : ....
Notes :
....
....
....

Date : .... Objectif du jour : ....
Météo : ☀ ⛅ ☁ ⛈ Parcours : ....
Distance : .... Temps : ....
Vitesse Moyenne : .... Cals brûlées : ....

Objectif atteint : ☐ oui ☐ non

- -

Date : .... Objectif du jour : ....
Météo : ☀ ⛅ ☁ ⛈ Parcours : ....
Distance : .... Temps : ....
Vitesse Moyenne : .... Cals brûlées : ....

Objectif atteint : ☐ oui ☐ non

- -

Date : .... Objectif du jour : ....
Météo : ☀ ⛅ ☁ ⛈ Parcours : ....
Distance : .... Temps : ....
Vitesse Moyenne : .... Cals brûlées : ....

Objectif atteint : ☐ oui ☐ non

- -

Bilan des 3 dernières séances :

Distance totale : .... Durée totale : ....
Vitesse Moyenne : ....
Notes :
....
....
....

Date : .... Objectif du jour : ....
Météo : ☀ ⛅ ☁ ⛈ Parcours : ....
Distance : .... Temps : ....
Vitesse Moyenne : .... Cals brûlées : ....

🎖 **Objectif atteint :** ☐ oui   ☐ non

• •

Date : .... Objectif du jour : ....
Météo : ☀ ⛅ ☁ ⛈ Parcours : ....
Distance : .... Temps : ....
Vitesse Moyenne : .... Cals brûlées : ....

🎖 **Objectif atteint :** ☐ oui   ☐ non

• •

Date : .... Objectif du jour : ....
Météo : ☀ ⛅ ☁ ⛈ Parcours : ....
Distance : .... Temps : ....
Vitesse Moyenne : .... Cals brûlées : ....

🎖 **Objectif atteint :** ☐ oui   ☐ non

• •

Bilan des 3 dernières séances :

Distance totale : .... Durée totale : ....
Vitesse Moyenne : ....
Notes :
....
....
....

Date : .... Objectif du jour : ....
Météo : ☀ ⛅ ☁ 🌧 Parcours : ....
Distance : .... Temps : ....
Vitesse Moyenne : .... Cals brûlées : ....

🎖 **Objectif atteint :** ☐ oui   ☐ non

• •

Date : .... Objectif du jour : ....
Météo : ☀ ⛅ ☁ 🌧 Parcours : ....
Distance : .... Temps : ....
Vitesse Moyenne : .... Cals brûlées : ....

🎖 **Objectif atteint :** ☐ oui   ☐ non

• •

Date : .... Objectif du jour : ....
Météo : ☀ ⛅ ☁ 🌧 Parcours : ....
Distance : .... Temps : ....
Vitesse Moyenne : .... Cals brûlées : ....

🎖 **Objectif atteint :** ☐ oui   ☐ non

• •

Bilan des 3 dernières séances :

Distance totale : .... Durée totale : ....
Vitesse Moyenne : ....
Notes :
....
....
....

Date : .... Objectif du jour : ....
Météo : ☀ ⛅ ☁ 🌧 Parcours : ....
Distance : .... Temps : ....
Vitesse Moyenne : .... Cals brûlées : ....

🎖 **Objectif atteint :** ☐ oui ☐ non

• •

Date : .... Objectif du jour : ....
Météo : ☀ ⛅ ☁ 🌧 Parcours : ....
Distance : .... Temps : ....
Vitesse Moyenne : .... Cals brûlées : ....

🎖 **Objectif atteint :** ☐ oui ☐ non

• •

Date : .... Objectif du jour : ....
Météo : ☀ ⛅ ☁ 🌧 Parcours : ....
Distance : .... Temps : ....
Vitesse Moyenne : .... Cals brûlées : ....

🎖 **Objectif atteint :** ☐ oui ☐ non

• •

Bilan des 3 dernières séances :

Distance totale : .... Durée totale : ....
Vitesse Moyenne : ....
Notes :
....
....
....

Date : .... Objectif du jour : ....
Météo : ☀ 🌤 ☁ ⛈ Parcours : ....
Distance : .... Temps : ....
Vitesse Moyenne : .... Cals brûlées : ....

🎖 **Objectif atteint :** ☐ oui   ☐ non

• •

Date : .... Objectif du jour : ....
Météo : ☀ 🌤 ☁ ⛈ Parcours : ....
Distance : .... Temps : ....
Vitesse Moyenne : .... Cals brûlées : ....

🎖 **Objectif atteint :** ☐ oui   ☐ non

• •

Date : .... Objectif du jour : ....
Météo : ☀ 🌤 ☁ ⛈ Parcours : ....
Distance : .... Temps : ....
Vitesse Moyenne : .... Cals brûlées : ....

🎖 **Objectif atteint :** ☐ oui   ☐ non

• •

Bilan des 3 dernières séances :

Distance totale : .... Durée totale : ....
Vitesse Moyenne : ....
Notes :
....
....
....

Date : .... Objectif du jour : ....
Météo : ☀ ⛅ ☁ ☔ Parcours : ....
Distance : .... Temps : ....
Vitesse Moyenne : .... Cals brûlées : ....

🎖 **Objectif atteint :** ☐ oui ☐ non

Date : .... Objectif du jour : ....
Météo : ☀ ⛅ ☁ ☔ Parcours : ....
Distance : .... Temps : ....
Vitesse Moyenne : .... Cals brûlées : ....

🎖 **Objectif atteint :** ☐ oui ☐ non

Date : .... Objectif du jour : ....
Météo : ☀ ⛅ ☁ ☔ Parcours : ....
Distance : .... Temps : ....
Vitesse Moyenne : .... Cals brûlées : ....

🎖 **Objectif atteint :** ☐ oui ☐ non

Bilan des 3 dernières séances :

Distance totale : .... Durée totale : ....
Vitesse Moyenne : ....
Notes :
....
....
....

Date : .... Objectif du jour : ....
Météo : ☀ ⛅ 🌧 🌨   Parcours : ....
Distance : .... Temps : ....
Vitesse Moyenne : .... Cals brûlées : ....

🎖 **Objectif atteint :** ☐ oui   ☐ non

• •

Date : .... Objectif du jour : ....
Météo : ☀ ⛅ 🌧 🌨   Parcours : ....
Distance : .... Temps : ....
Vitesse Moyenne : .... Cals brûlées : ....

🎖 **Objectif atteint :** ☐ oui   ☐ non

• •

Date : .... Objectif du jour : ....
Météo : ☀ ⛅ 🌧 🌨   Parcours : ....
Distance : .... Temps : ....
Vitesse Moyenne : .... Cals brûlées : ....

🎖 **Objectif atteint :** ☐ oui   ☐ non

• •

Bilan des 3 dernières séances :

Distance totale : .... Durée totale : ....
Vitesse Moyenne : ....
Notes :
....
....
....

Date : .... Objectif du jour : ....
Météo : ☀ ⛅ ☁ ⛈   Parcours : ....
Distance : .... Temps : ....
Vitesse Moyenne : .... Cals brûlées : ....

🎖 **Objectif atteint :** ☐ oui   ☐ non

• •

Date : .... Objectif du jour : ....
Météo : ☀ ⛅ ☁ ⛈   Parcours : ....
Distance : .... Temps : ....
Vitesse Moyenne : .... Cals brûlées : ....

🎖 **Objectif atteint :** ☐ oui   ☐ non

• •

Date : .... Objectif du jour : ....
Météo : ☀ ⛅ ☁ ⛈   Parcours : ....
Distance : .... Temps : ....
Vitesse Moyenne : .... Cals brûlées : ....

🎖 **Objectif atteint :** ☐ oui   ☐ non

• •

Bilan des 3 dernières séances :

Distance totale : ....   Durée totale : ....
Vitesse Moyenne : ....
Notes :
....
....
....

Date : .... Objectif du jour : ....
Météo : ☀ ⛅ ☁ 🌧 Parcours : ....
Distance : .... Temps : ....
Vitesse Moyenne : .... Cals brûlées : ....

🎖 **Objectif atteint :** ☐ oui ☐ non

• •

Date : .... Objectif du jour : ....
Météo : ☀ ⛅ ☁ 🌧 Parcours : ....
Distance : .... Temps : ....
Vitesse Moyenne : .... Cals brûlées : ....

🎖 **Objectif atteint :** ☐ oui ☐ non

• •

Date : .... Objectif du jour : ....
Météo : ☀ ⛅ ☁ 🌧 Parcours : ....
Distance : .... Temps : ....
Vitesse Moyenne : .... Cals brûlées : ....

🎖 **Objectif atteint :** ☐ oui ☐ non

• •

Bilan des 3 dernières séances :

Distance totale : .... Durée totale : ....
Vitesse Moyenne : ....
Notes :
....
....
....

Date : .... Objectif du jour : ....
Météo : ☀ 🌤 ☁ ⛈   Parcours : ....
Distance : .... Temps : ....
Vitesse Moyenne : .... Cals brûlées : ....

Objectif atteint : ☐ oui   ☐ non

• •

Date : .... Objectif du jour : ....
Météo : ☀ 🌤 ☁ ⛈   Parcours : ....
Distance : .... Temps : ....
Vitesse Moyenne : .... Cals brûlées : ....

Objectif atteint : ☐ oui   ☐ non

• •

Date : .... Objectif du jour : ....
Météo : ☀ 🌤 ☁ ⛈   Parcours : ....
Distance : .... Temps : ....
Vitesse Moyenne : .... Cals brûlées : ....

Objectif atteint : ☐ oui   ☐ non

• •

Bilan des 3 dernières séances :

Distance totale : .... Durée totale : ....
Vitesse Moyenne : ....
Notes :
....
....
....

Date : ....   Objectif du jour : ....
Météo : ☀ ⛅ ☁ 🌧   Parcours : ....
Distance : ....   Temps : ....
Vitesse Moyenne : ....   Cals brûlées : ....

🏅 **Objectif atteint :** ☐ oui ☐ non

• •

Date : ....   Objectif du jour : ....
Météo : ☀ ⛅ ☁ 🌧   Parcours : ....
Distance : ....   Temps : ....
Vitesse Moyenne : ....   Cals brûlées : ....

🏅 **Objectif atteint :** ☐ oui ☐ non

• •

Date : ....   Objectif du jour : ....
Météo : ☀ ⛅ ☁ 🌧   Parcours : ....
Distance : ....   Temps : ....
Vitesse Moyenne : ....   Cals brûlées : ....

🏅 **Objectif atteint :** ☐ oui ☐ non

• •

Bilan des 3 dernières séances :

Distance totale : ....   Durée totale : ....
Vitesse Moyenne : ....
Notes :
....
....
....

Date : .... Objectif du jour : ....
Météo : ☀ ⛅ ☁ ⛈ Parcours : ....
Distance : .... Temps : ....
Vitesse Moyenne : .... Cals brûlées : ....

🎖 **Objectif atteint :** ☐ oui ☐ non

• •

Date : .... Objectif du jour : ....
Météo : ☀ ⛅ ☁ ⛈ Parcours : ....
Distance : .... Temps : ....
Vitesse Moyenne : .... Cals brûlées : ....

🎖 **Objectif atteint :** ☐ oui ☐ non

• •

Date : .... Objectif du jour : ....
Météo : ☀ ⛅ ☁ ⛈ Parcours : ....
Distance : .... Temps : ....
Vitesse Moyenne : .... Cals brûlées : ....

🎖 **Objectif atteint :** ☐ oui ☐ non

• •

Bilan des 3 dernières séances :

Distance totale : .... Durée totale : ....
Vitesse Moyenne : ....
Notes :
....
....
....

Printed in France by Amazon
Brétigny-sur-Orge, FR

15366214R00071